Integrierter Umwelt- und EDV-Unterricht

Beispielhafte Facharbeiten aus der
10. Klasse der Wichern-Schule Hamburg

Bibliografische Information der Deutschen Nationalbibliothek: Die Deutsche Nationalbibliothek verzeichnet diese Publikation in der Deutschen Nationalbibliografie; detaillierte bibliografische Daten sind im Internet über dnb.dnb.de abrufbar.

Herstellung und Verlag: BoD – Books on Demand, Norderstedt

ISBN: 9783752877526

Vorwort

Die überregional bekannte Wichern-Schule bietet in ihrer Stadtteilschule[1] ab Klasse 7 das Profil „Technik und Natur" (TUN) an. In der 10. Klasse lautete das Thema im Halbjahr 2017/2018 „Umwelt".

Die Schülerinnen und Schüler (SuS) mussten über das ganze Halbjahr hinweg eine Facharbeit über ein selbst gewähltes Thema aus dem Bereich Umwelt schreiben, wobei der Unterricht ausschließlich in Computerräumen statt fand. Dieses Konzept bietet drei wesentliche Vorteile:

- Durch die eigene Wahl eines Themas ist die Motivation und das Interesse am Stoff höher als bei vorgegebenen Themen.

- Jede/r SuS kann in seinem Tempo und auf seinem Niveau arbeiten (Binnendifferenzierung).

- Durch die langfristige Projektarbeit am Computer werden die grundlegenden Anwenderkompetenzen gestärkt.

In der 10. Klasse haben die SchülerInnen drei Stunden TUN-Unterricht pro Woche, so dass genügend Zeit zur Verfügung stand, mindestens 20 DIN-A-5-Seiten zu schreiben.

Es zeigte sich im Verlauf des Projekts, dass die Lerneffekte weit über die ursprünglichen Ziele hinaus gingen. Die SuS stellten dies erfreulicherweise auch selbst fest. Vor allem stellte sich das Projekt als lebenspraktisches Lernen heraus und es wurden Kompetenzen vermittelt, die teilweise nicht durch schriftliche Leistungskontrollen prüfbar sind.

---

1 Hamburger Stadtteilschulen sind vergleichbar mit Gesamtschulen.

Die Jugendlichen lernten Inhalte und „Alltagsmethoden" sehr unterschiedlicher Niveaus, wie zum Beispiel

- wie und wo man sich in Hamburg Bücher ausleihen kann (nicht nur in der Bücherhalle),
- wie man belastbare Quellen im Internet recherchiert,
- wie man digitale Expertentools der Hamburger Bücherhallen benutzt (in einem Seminar der Zentralbibliothek),
- wie man richtig zitiert und Plagiate vermeidet,
- wie man die Urheberrechte von Bildern und Grafiken beachtet und wie man die Erlaubnis einholen kann, geschützte Werken dennoch zu verwenden,
- wie man mit verschiedenen Computerprogrammen umgeht.

Insbesondere der letzte Punkt war für die SuS in einer Selbstreflektion am Ende des Halbjahres wesentlich. Obwohl bereits in den vorigen Schuljahren Informatikunterricht statt gefunden hatte und obwohl auch in verschiedenen anderen Fächern mit Computern gearbeitet worden war, meinten die SuS, dass sie durch dieses Langzeitprojekt ihre Anwenderkompetenzen erheblich steigern konnten.

Um die SchülerInnen zusätzlich zu motivieren, bot ich Ihnen an, alle fertigen Facharbeiten zu einem echten Buch zusammenzufügen und per Print-on-Demand zu veröffentlichen. Zu Beginn waren alle Jugendlichen von dieser Idee und dem ganzen Projekt sehr begeistert, allerdings hielt die Begeisterung nicht bei allen über ein ganzes Halbjahr an. Selbst die SchülerInnen, die am Ende des Projekts keine hohe Motivation mehr hatten, fanden das vergangene TUN-Halbjahr jedoch sehr lehrreich. Alle 14 KursteilnehmerInnen waren der Meinung, dass diese Unterrichtsform bis auf einige Verbesserungsvorschläge auch in kommenden Klassen durchgeführt werden sollte.

Die Leistungen der SchülerInnen gingen stark auseinander, so dass sich die Noten vom oberen gymnasialen Bereich bis zum unteren

Hauptschulbereich erstreckten. Viele SchülerInnen wollten letztendlich nicht, dass ihre Arbeiten veröffentlicht werden, obwohl auch ihre Arbeiten in meinen Augen für die meisten Erwachsenen absolut lesenswert sind. Ihrer Entscheidung, ihre Texte nicht zu veröffentlichen, wurde stets mit Verständnis begegnet.

Die hier abgedruckten Facharbeiten sind von hoher bis höchster Qualität. Durch ihre Leistung sind diese jungen Menschen nun schon sehr früh zu der Ehre gekommen, einen druckreifen Fachtext publizieren zu können. Darauf können die beteiligten SchülerInnen – zu Recht! – stolz sein.

Hendrik Rubbeling
Wichern-Schule im Mai 2018

Inhaltsverzeichnis

Desertifikation

Darstellung des Phänomens und seiner Lösungsansätze

von Magnus Noch

Einführung

Diese Arbeit wird sich mit dem Problem der Desertifikation auseinandersetzten.

Desertifikation ist der Fachbegriff für die Bildung von Wüsten oder die Erweiterung derselben. In der Umgangssprache würde man von Wüstenbildung oder Verwüstung reden. Und während der erste Begriff eine ziemlich treffende Veranschaulichung des Vorgangs ist, bin ich der Meinung, dass „Verwüstung" zu leicht missinterpretiert werden kann und man dadurch zu dem Trugschluss kommen kann, dass es sich bei der Desertifikation nur um das Entstehen von Unordnung handelt. Desertifikation ist nämlich sehr viel differenzierter und das Verständnis dieses Prozesses erfordert deshalb auch einige Vorarbeit.

So sollte erst einmal geklärt werden, was das Wort „Wüste" bedeutet. Hierfür nutze ich die Definition des Dudens. Denn obwohl sie der Einfachheit halber unvollständig ist, beschreibt sie genau die Arten von Wüsten, mit denen sich dieser Text befasst:

„Durch Trockenheit, Hitze und oft gänzlich fehlende Vegetation gekennzeichnetes Gebiet der Erde, das über weite Strecken mit Sand und Steinen bedeckt ist."[2]

Der Grund, warum ich eine Definition gewählt habe, in der Salz- und Eiswüsten keinen Platz finden, ist, dass es bis jetzt keine Hinweise darauf gibt, dass das Phänomen auch in diesen auftritt. Dieser Text

---

[2]Wichtige Definitionen und/oder die dazugehörigen Quellen finden sich am Ende des Textes

befasst sich also hauptsächlich mit Sand- und Halbwüsten.[1]

Das Wort „Desertifikation" stammt wie viele Fachbegriffe aus dem Lateinischen und leitet sich aus „deserta" und „facere" ab, was übersetzt so viel bedeutet wie „Wüste" und „machen".

Manche sehen in dieser Wortabstammung schon das indirekte Eingeständnis, dass der Mensch für die Desertifikation verantwortlich ist,[3] da man „facere" auch mit „bewirken" übersetzten kann, was einen direkten Eingriff impliziert. Dazu komme ich im Abschnitt über den aktuellen Stand der Desertifikationsforschung und die Rolle des Menschen.

Wenn man das alles jedoch beiseite nimmt, und sich nur die Zahlen ansieht, wird eines klar: Desertifikation existiert! Schon heute sind ca. 1,5 Milliarden Menschen von den Auswirkungen der Desertifikation betroffen, wobei aufgrund unserer globalisierten modernen Welt eigentlich jeder betroffen ist. Wenn also der Preis für eine exotische Frucht steigt, kann es daran liegen, dass der Bauer einen Teil seines Feldes an die Wüste verloren hat und nun weniger Früchte produzieren kann. Denn das ist es, was das Leben dieser 1,5 Milliarden Menschen beeinflusst: Der Verlust von agrarwirtschaftlich nutzbarem Land. So werden jede Minute 24 Hektar nutzbares Land in unfruchtbare Wüste umgewandelt. Dadurch sind auf rund der Hälfte des gesamten Landes, das auf der ganzen Welt als Ackerland genutzt wird, wenigstens erste Anzeichen von Desertifikation zu sehen.[4]

Am Ende des Textes, vor den Erläuterungen habe ich eine Karte eingefügt, auf der man sieht, wie anfällig ein jeweiliges Gebiet gegenüber Desertifikation ist.

Bis jetzt war immer die Rede von Wüsten, die sich ausbreiten und das Land unbrauchbar machen. Leider ist das Problem nur auf den ersten Blick so einfach zu beschreiben und verstehen. Denn auch wenn wüstennahe Zonen, die zu echten Wüsten werden, am häufigsten vorkommen, kann man den leichten Rückgang in der

---

3 T. Hammer, 2001, Seite 1
4 L. Gnacadja; Flyer der UNCCD; 2011

Nährstoffhaltigkeit der Böden in manchen Teilen Europas auch als Desertifikation bezeichnen. Verena Schmitt hat diesem Thema ein ganzes Buch gewidmet: Desertifikation in der Region Murcia/Spanien[5])

Um diese Unklarheiten zu lösen, und um genau feststellen zu können, wie stark ein Land oder ein Gebiet durch Desertifikation betroffen ist, haben es sich eine ganze Reihe von Experten auf dem Gebiet zur Aufgabe gemacht, den Begriff der Desertifikation zunächst klar zu definieren und am besten die Stärke des Auftretens des Phänomens zu messen. Hier gibt es einige völlig verschiedene Ansätze:

S. Nicholson und B. Tucker, zwei renommierte Wissenschaftler im Bereich der Desertifikationsforschung, beschreiben „Desertifikation" als die Transformation von fruchtbarem Land in einen „unproduktiveren Zustand", in dem es entweder gar nicht agrarisch genutzt werden kann, oder weniger ergiebig ist. Jedoch beziehen sie auch die klimatischen Gegebenheiten des Gebietes ein. Mit anderen Worten: Wenn man Wüsten in Regionen findet, in denen das Klima eigentlich nicht zu einer Wüste führen sollte, handelt es sich höchstwahrscheinlich um Desertifikation.[6]

Die UN (**U**nited **N**ations), oder genauer gesagt die durch sie gebildete UNCCD (**U**nited **N**ations **C**onvention to **C**ombat **D**esertification), geht einen etwas anderen Weg und nutzt zur Bestimmung biologische Marker und das biologische Potenzial. Das bedeutet, dass sie dann Desertifikation feststellen, wenn ihre biologischen Marker sich in einer bestimmten Weise und einem bestimmten Ausmaß verändern. Als ein solcher Marker dienen meist Tiere oder Pflanzen, die bestimmte Umstände zum Leben brauchen. Wenn also eine bestimmte Art von Busch, die viel Regen braucht, in einem bestimmten Gebiet langsam ausstirbt, dafür aber eine trockenheit-liebende Skorpionart anfängt, das Gebiet für sich zu erschließen, ist das ein sehr deutliches und gut messbares Zeichen für Desertifikation. Dazu sollte man festgelegen, ab wann die

---

5 Verena Schmitt; 2013
6 S. Nicholson & B. Tucker; 1998; Seite 815

Änderungen signifikant genug sind, um zu bestätigen, dass es sich nicht nur um natürliche Schwankungen der Marker handelt.[7]

M. Mortimore und B. Turner fügen dieser sehr biologischen Definition noch die Komponente der „physischen Transformation" hinzu. Diese interpretiere ich als die geologische Veränderung des Gebiets. So zum Beispiel wenn eine Landschaft, die von kleinen Erdflecken und vielen Steinen geprägt war, langsam versandet und so auch ihr Aussehen ändert.[8]

Ursachenforschung

Ein Punkt, der die Ursachenforschung zur Desertifikation besonders macht ist, dass Wissenschaftler, die sich mit dem Thema beschäftigen, oft sehr unterschiedliche Erklärungsansätze haben. Falls sich eine Idee als falsch herausstellt, werden die anderen Wissenschaftler nicht oder nur leicht beeinflusst. Das garantiert eine sehr dynamische Veränderung der anerkannten Thesen in diesem Fachgebiet. Und auch wenn manche Forscher das als eine Stärke hinstellen, (siehe z.B. Bergers, 2012, Fazit) bin ich der Meinung, dass es den allgemeinen Fortschritt der Erkenntnisse zu unstet macht, und dazu führen kann, dass man schnell den Überblick verliert. Außerdem kommen einzelne Forschungsprojekte natürlich langsamer voran, wenn sie sich nicht überschneiden, da man jede Beweisführung etc. selber machen muss und nie einfach eine andere Arbeit zur Rate ziehen kann.

Trotz diesen verschiedenen Sichtweisen ist gemeinhin anerkannt, dass Desertifikation ihren Anfang nahm, als sich erste Hochkulturen bildeten und diese größere Flächen als Weiden oder Felder nutzten. Jedoch war das Wachstum der Wüsten zu der Zeit marginal im Vergleich zu heutigen Verhältnissen. Denn ein weiterer Punkt ist, dass die Geschwindigkeit, mit der Desertifikation Land unbrauchbar macht, seit 100 Jahren immer schneller zunimmt.

Dieser „Trend" zeigt deutlich auf, dass wir Menschen auf jeden Fall

---

7 Artikel 1 lit. a UNCCD
8 M. Mortimore & B. Turner; 2005; Seite 568

zumindest zum Teil für die Desertifikation verantwortlich sind. Denn vor etwas mehr als 100 Jahren begann die „Industrielle Revolution" und mit ihr der Gedanke der zentralen Produktion von Gütern. Nicht nur riesige Fabriken in den Städten kamen auf, nein auch immer größere Bauernhöfe bzw. landwirtschaftliche Betriebe entstanden, um die Nahrungsbedürfnisse der urbanen Bevölkerung zu stillen. Mit anderen Worten: große Monokulturen und riesige Herden von Tieren wurden auf relativ kleinen Gebieten angesiedelt.

Das Problem mit den Monokulturen ist, dass diese meist aus Pflanzen bestehen, die die Erde nicht sonderlich effektiv bedecken bzw. abschirmen. Das macht den Boden, auf dem sie wachsen, empfindlicher gegenüber Erosion[9].

Aber auch mit einer natürlichen gesunden Flora[8] ist es möglich, dass starker Regen zu Erosion, Landdegradation[8] und letztendlich zu Desertifikation führen kann. Denn der Regen spült die für die Pflanzen überlebensnotwendigen Nährstoffe aus dem Boden.

Mit den Tieren verhält es sich ähnlich: Wenn große Herden auf ein kleines Gebiet beschränkt sind, zum Beispiel durch uns Menschen, werden sie ohne Rücksicht auf die Natur die komplette Vegetation[8] kahl fressen. Das führt also in einer noch stärkeren Weise zu mangelhafter Abschirmung des Bodens.

Jedoch ist die Vegetation auch aufgrund von anderen Eigenschaften wichtig für den Boden: Eine gesunde Vegetation schützt nicht nur nach außen hin, indem sie als isolierendes Polster fungiert, welches denn Boden während den kalten Wüstennächten abdeckt und dadurch den Boden und die Wurzeln vor Frost schützt.

Sondern die Pflanzen fangen auch das vom Boden verdunstende Wasser durch Betauung ein und führen es dem internen Kreislauf direkt wieder zu, ohne das das Wasser als Wolke woandershin getragen werden kann.

Es sind also folgende Probleme, mit welchen wir zu tun haben, wenn Land nicht oder nur mangelhaft abgedeckt ist:

---

9 Definition/Erläuterung findet sich wie immer am Ende des Textes

- Über den Tag wird viel Wasser verdunstet und dem lokalen Kreislauf durch Wind entnommen.

- Durch diese Trockenheit wird sich der Boden verhärten, wodurch er auch später kein Wasser mehr aufnehmen kann.

- Zudem werden viele Pflanzen nicht lang überleben, da ihre Wurzeln jede Nacht gefrieren.

Die Rolle des Menschen in dem Prozess

Nun wird es Zeit, dass sich dieser Text mit dem mit Abstand kontroversesten Thema auseinandersetzt, welches die Desertifikationsforschung zu bieten hat:

Welche Rolle spielt der Mensch in der Entwicklung der Desertifikation?

So gibt es zum einen die Equilibrium-These und zum anderen die Nonequilibrium-These. Auch hier ist eine kurze Betrachtung der Etymologie[10] des Wortes ratsam: „aequilibrium" ist lateinisch und bedeutet Gleichgewicht, was eine ziemlich gut Bezeichnung für die jeweiligen Thesen darstellt, da „Equilibriumisten" der Meinung sind, dass die Erde im Gleichgewicht ist und versucht ihren jetzigen Zustand zu halten, und nur wir Menschen an der Desertifikation schuld sind.

Auf der anderen Seite haben wir die Wissenschaftler, die die Nonequilibrium-These unterstützen. Sie sind der Meinung, dass sich die Erde im ständigen Wandel befindet und die Menschen nur ein nebensächlicher Faktor im Verlauf der Änderung des Verhaltens der Desertifikation darstellen.

Während sich dieser Text mit den Argumenten und Erklärungen der Equilibriumisten schon vorher auseinandergesetzt hat, bleiben die Ansichten der Nonequilibriumnisten in diesem Text etwas undeutlich. Denn auch nachdem ich ernsthaft versucht habe, die Gedankengänge dieser Forscher zu verstehen, bin ich nicht in der Lage, ihren Standpunkt qualifiziert zu vertreten. Dabei ist es sehr gut möglich, dass ich zu wenig Vorwissen habe, um ihre wahren Punkte zu sehen. Da es jedoch ein sehr wichtiges Thema in der Desertifikationsforschung ist, muß es in diesem Text erwähnt werden:

Die Grundannahme der Nonequilibriumnisten ist, dass die Erde ihre Beschaffenheit ständig ändert, wie z.b. während der Eiszeiten, und die Handlungen der Menschen irrelevant seien, um den Verlauf der Entwicklung langfristig oder im großem Maße zu beeinflussen.

Um diese Annahme im Detail weiter zu verfolgen, kann ich die Artikel von Mortimore & Turner [10] und Nicholson & Tucker[11] empfehlen. Sie gehen beide auf die Überbewertung des Menschen als Ursache für Desertifikation ein.

Der Versuch der Visualisierung von Desertifikation

Um Desertifikation besser verstehen zu können, und um besser in der Lage zu sein, zu beurteilen, wie stark ein Gebiet durch Desertifikation bedroht ist, gibt es immer wieder Versuche, das Phänomen in Parametern und Modellen auszudrücken, und es damit zu visualisieren.

---

10 Mortimore & Turner, 2005
11 Nicholson & Tucker, 1998

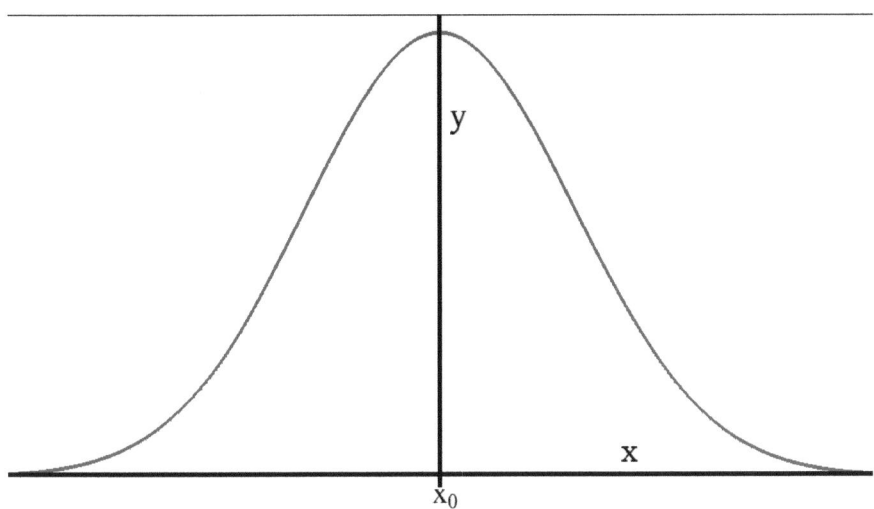

Abbildung 1: qualitativer Graph der Gaußschen Normalverteilung

Der erste Gedanke dazu kam von Hein & de Riddert[12], die behauptet haben, dass die Menge an Vegetation mit der Niederschlagsmenge zusammenhängt. Eigentlich ist es ziemlich offensichtlich wenn man darüber nachdenkt. Wenn es zu viel oder zu wenig regnet, können Pflanzen schlechter wachsen, weshalb weniger Vegetation entsteht. Leider darf ich die originalen Kurven der beiden Autoren nicht nutzen, da sie erhebliche Lizenzgebühren für die Nutzung erheben. Ich persönlich könnte mir jedoch als Alternative auch die Gaußsche Normalverteilung als guten Graphen vorstellen, um das Verhältnis zwischen Menge der Vegetation (y) und Abweichung der Niederschlagsmenge (x) vom Idealwert (X_0) zu beschreiben, da es auch bei sehr wenig Regen noch zu einem gewissen Maß an Begrünung kommen kann. Mir ist bewusst, dass es sich bei der Gaußschen Glocke um eine Wahrscheinlichkeitsverteilung handelt, aber in diesem Fall passt sie meiner Meinung nach trotzdem gut.Natürlich war dieser sehr einfach gehaltene Zusammenhang zwischen Niederschlagsmenge und Vegetationsmenge nur eine grobe Idee. Wie sich herausstellte, sollte sie jedoch als Basis für alle darauffolgende Versuche dienen. Als logischen nächsten Schritt konstruierten sie den RUE-Parameter (**R**ain **U**se **E**fficiency), der

---

12 Hein & de Riddert; 2006; Seite 754

angibt, wie effizient ein Gebiet oder eine einzelne Pflanzenart Regenwasser in Biomasse umwandeln kann. Jedoch wurde schnell klar, dass auch das RUE-Parameter nicht die endgültige Lösung sein würde, denn andere Wissenschaftler wiesen darauf hin, dass man noch ein paar andere Punkte beachten müsste, zum Beispiel, dass sich der Niederschlag über die Jahreszeiten ändert, und Pflanzen am Anfang ihres Lebenszyklus deutlich effektiver Biomasse produzieren als in späteren Lebensphasen. Einen allgemeinen Wert zu finden, der zeitunabhängig und genau ist, stellte sich also als schwierig heraus.

Aber wie ich es schon zu Anfangs angesprochen habe gibt es in der Desertifikationsforschung immer verschiedene Ansätze. So arbeitete G. Okin an einem anderen Ansatz, den er den LOCOP-Parameter (**L**enght **O**f **C**onnected **P**athways) nannte. Dieser Parameter ist nicht dazu gedacht, die Effizienz von Land oder einer Pflanze zu bestimmen, er teilt vielmehr ein Gebiet in viele kleine Untersektionen auf (z.B. ein Grasbüschel), und beschreibt dann die Eigenschaft der Verbindung zwischen diesen Sektionen. Je einfacher der Transport von einer in eine andere Sektion ist, desto höher der LOCOP-Wert.

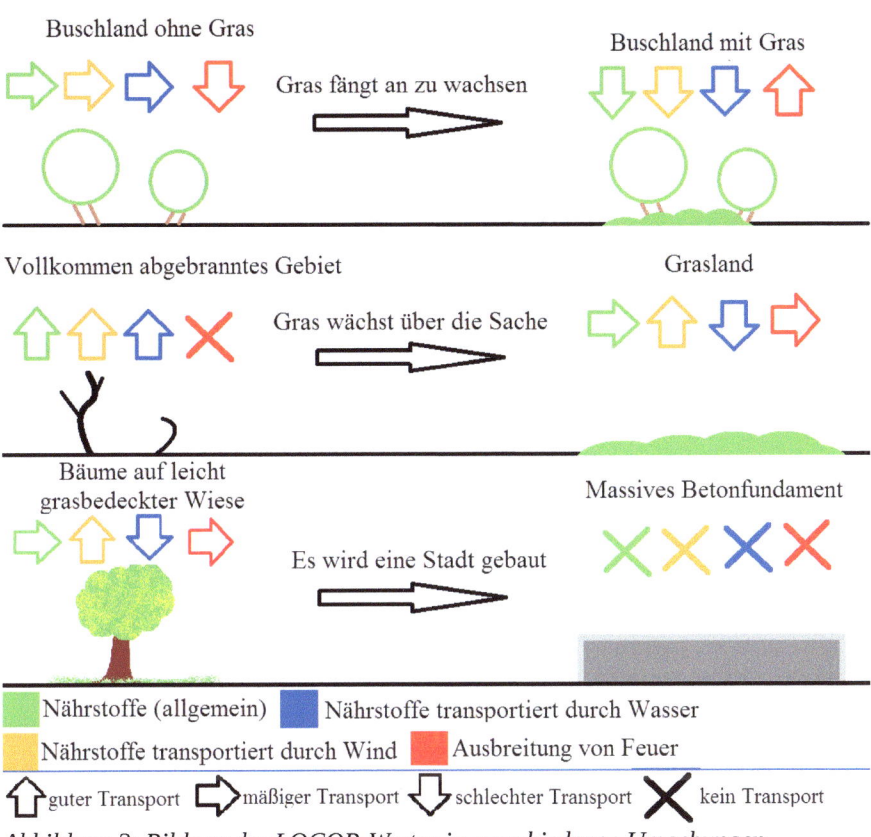

Abbildung 2: Bildung des LOCOP-Wertes in verschiedenen Umgebungen

Aber auch hier haben wir es mit mehreren Werten zu tun. Wie man im Beispiel in Abbildung 2 sehen kann, ist der Transport von Feuer in Grasland leicht, während Wasser durch die vielen Grashalme, die nahezu eine Barriere bauen, schwerer transportiert werden kann. In dem Zusammenhang entstand dann auch der „Index of Leakiness", der beschreibt, wie anfällig eine Sektion gegenüber Erosion ist. Dieses Parameter hat in sofern eine Bedeutung für die Desertifikationsforschung, als dass es uns indirekt auch sagt, wie anfällig eine Region gegenüber Desertifikation ist. Denn je leichter Nährstoffe wegtransportiert werden können, desto weniger Pflanzen wachsen in einem Gebiet, was zur Austrocknung des Bodens und dadurch zu Desertifikation führt.

Ein letzter Faktor, der zur Bestimmung der Anfälligkeit von Land gegenüber Desertifikation entscheidend ist, ist die Qualität der Pflanzen. So schildert G. Okin folgendes Szenario[13]:

Eine Graslandsavanne und eine Strauchsavanne werden den gleichen klimatischen und wettertechnischen Bedingungen ausgesetzt.

Die Graslandsavanne hat eine prozentuale Bodenbedeckung von 33%, die Strauchsavanne von 44%. Wenn man nur die bisherigen Faktoren bedenken würde, müsste man davon ausgehen, dass der Unterschied in der Stärke der Erosion ungefähr dieselbe sein sollte wie die Differenz der beiden Abdeckungsraten. Jedoch ist es so, dass die Sträucher zusätzlich noch stärkeres Wurzelwerk haben und nicht so leicht weggeschwemmt werden. Auch sonst sind die Sträucher robuster, was zu dem erstaunlichen Ergebnis führt, dass der Boden mit den Sträuchern deutlich weniger als erwartet durch die Erosion betroffen ist. Die Erosionsrate beträgt in der Strauchsavanne nur 12%-50% der Erosionsrate der Graslandsavanne beträgt.

Auswirkungen auf Bewohner betroffener Länder und die Welt im Gesamten

Wenn man sich näher mit den Auswirkungen der Desertifikation auseinandersetzt, wird schnell klar, dass sich die einzelnen Probleme oft überschneiden und sich gegenseitig verstärken. Aufgrund dieser Verschränkung ist es schwierig, die Probleme in Kategorien einzuordnen. Der Übersicht halber werde ich es trotzdem versuchen:

Soziale Aspekte

Wie ich in der Einführung schon erwähnt habe, wird Desertifikation in näherer Zukunft ein Thema sein, dass uns alle betrifft. Wenn man nun aber erst mal ein Blick auf die Menschen wirft, die schon heute merkbar von Desertifikation betroffen sind, stellt man fest, dass diese Gruppe mit 1,5 Milliarden Menschen[14] schon jetzt eine beachtliche Größe erreicht hat, da sie circa. ein Fünftel der Weltbevölkerung

---

13 Okin et al. ; 2009; Seite 241
14 L. Gnacadja; Flyer der UNCCD; 2011

ausmacht.

Das Kernproblem in den von Desertifikation betroffenen Ländern ist Wasser, oder genauer gesagt das Fehlen deselbigen. Für die Bewohner dieser Länder wird es immer schwieriger, an sauberes Trinkwasser heranzukommen. So leben momentan ca. 1 Milliarde Menschen ohne Zugang zu einer gesicherten Wasserversorgung.[15] Und aufgrund des Überlebenstriebs, der Gier und des Egoismus des Menschen werden schon heute Kriege um Wasserquellen geführt. Ein populäres Beispiel für einen solchen Konflikt ist der Landesteil Ḏī Qār im Irak. Der IS (Islamische Staat) kappte die Wasserzufuhr dieses Landteils und erreichte damit, dass viele Büffelherden-Besitzer, die sich dort niedergelassen hatten, wegziehen müssen, da sie sich und die Herden nicht mit genug Wasser versorgen können.[16]

Ein noch viel größeres Problem wird jedoch durch Wassermangel und Dürre begünstigt: Desertifikation. Durch den Mangel an Wasser trocknen die Felder und Weideflächen der Bauern aus. Diese können es sich jedoch nicht leisten, weniger Tiere zu halten oder nachhaltigere, aber weniger ertragsreiche Agrarwirtschaft zu betreiben. Um sich also kurzfristig weiter ernähren zu können, betreiben die Bauern Raubbau an der Natur und verstärken die Desertifikation durch ihre Herden, die die noch übriggebliebene Vegetation komplett abgrasen, und diese so wichtige Schutzschicht zerstören.

Ein weiterer Punkt, den ich interessant finde, ist, dass die Belastung durch Desertifikation nicht gleich auf beide Geschlechter verteilt ist. Denn meist ist es in wirtschaftlich weniger stark entwickelten Länder die Aufgabe der Frau für die grundlegende Versorgung der Familie zu sorgen. Das heißt, sie muss dafür sorgen, dass immer genug Feuerholz, Wasser und zu gewissen Teilen auch Essen vorhanden ist. Alle diese Aufgaben sind durch die Desertifikation schwieriger geworden. Es wachsen weniger Pflanzen, die zum Feuermachen geeignet sind, und durch die Erosion kommt es immer öfter vor, dass Sand und Erde saubere Wasserquellen verschmutzen. Und auch wenn

---

15 Webseite der UNCCD, Land and Human Security; Water Security
16 Joanna Paraszczuk; 2015; IS 'Water War' Dries ...

die Männer mit ihren Herden oder Feldern meist für die Beschaffung der Grundmaterialien zuständig sind, werden ca. 80 % aller Lebensmittel in diesen Ländern durch Frauen hergestellt.[17]

Wirtschaftliche Aspekte

Natürlich hat Desertifikation auch auf die Wirtschaft eine verheerende Auswirkung, auch wenn der normale deutsche Bürger zum jetzigen Zeitpunkt noch nicht viel von den Zuständen mitbekommt,die in den betroffenen Ländern herrschen.

Am stärksten sind die sogenannten Kleinbauern betroffen, die also nur gerade genug produzieren, um die eigene Familie zu ernähren. Natürlich verkaufen sie auch einen Teil ihrer Erträge, aber auch nur, um notwendige Anschaffungen für die eigene Familie zu bezahlen. Diese Bauern haben meist nur wenig Land zur Verfügung, auf dem sie Getreide anbauen oder Tiere weiden lassen können. Sie sind direkt von den Erträgen dieses Landes abhängig und können es sich im Gegensatz zu den großen „Konzern-Farmen" nicht leisten, in ein fruchtbareres Gebiet umzuziehen, wenn die Desertifikation das bestellen des Landes unrentabel gemacht hat.

H. Dregne ist ein Wissenschaftler, der sich vor über 25 Jahren mit den ökonomischen Folgen der Desertifikation auseinandergesetzt hat. Ich ziehe ihn hier als Quelle heran, da er sich mit dem Thema mit Abstand am besten auseinandergesetzt hat. Und auch wenn die von ihm ermittelten Werte schon längst veraltet sind und heute wahrscheinlich viel höher liegen, zeigen sie, in welchen Maßstäben Desertifikation Schaden anrichtet. Hier ist also eine Tabelle in denen die Verluste jedes Kontinents in Mio. US-Dollar für jede Flächennutzungsart pro Jahr aufgeführt sind:

---

17 Webseite der UNCCD, Land and Gender; Zeile 3

Kontinent	Weideflächen	Bewässertes Land	Regen-gestütztes Ackerland	Insgesamt
Afrika	6.966	475	1.855	9.296
Asien	8.313	7.953	4.647	20.913
Australien	2.525	63	544	3.136
Europa	564	474	450	1.488
Nordamerika	2.878	1.465	441	4.784
Südamerika	2.084	355	252	2.691
Insgesamt	23.234	10.785	8.189	42.308

Wie man sieht, war und ist vermutlich Asien wirtschaftlich am stärksten betroffen, was möglicherweise auch auf die große Landfläche Asiens zurückzuführen ist. Darauf folgt Afrika und interessanterweise Nordamerika, die zwar reich genug sind um Regenmangel künstlich zu kompensieren, dadurch aber Verluste bei den bewässerten Landesflächen machen.

Der gesamte Verlust pro Jahr beläuft sich, wenn man Inflation und den Wechselkurs des Dollars einberechnet, auf 61,3 Milliarden Dollar, was fast die gleiche Summe ist, wie der Etat des Ministeriums für Verteidigung und des für Verkehr und digitale Infrastruktur (65 Milliarden Euro[18]) zusammen im Bundeshaushalt des Jahres 2017.

---

18 Ausgaben Bundeshaushalt

Ökologische Aspekte

Obwohl Desertifikation eine so starke Auswirkung auf die biologische Umgebung in den betroffenen Gebieten hat, habe ich keine <u>ausführlichen</u> Quellen zu der Wirkung von Desertifikation auf die Biodiversität gefunden. So wird in manchen Texten erwähnt, dass es Auswirkungen gibt und in einem Flyer der UNCCD ist dies sogar durch eine Zahl beschrieben:

„Landdegradation gefährdet die Biodiversität. 27.000 Spezies gehen jedes Jahr verloren"[19]

Aufgrund dieser mangelhaften Informationslage stelle ich nun eine eigene These auf und begründe sie auch:

Wie Darwin erkannt hat, passen sich Lebewesen über die Zeit hochspezialisiert an ihr ökologisches Umfeld an. Nun ist es jedoch so, dass Desertifikation eine rapide Transformation der Lebensbedingungen bedeutet, und viele dieser stark spezialisierten Lebewesen wahrscheinlich nicht in der Lage sind, sich den Umständen schnell genug anzupassen.

Und auch wenn 27.000 Spezies zunächst nach viel klingt (und eigentlich ist es das auch) so macht es jedoch nur 0,31 Prozent aller Lebewesen des Planeten aus.[20]

---

19 L. Gnacadja; Flyer der UNCCD; 2011
20 Welt; 2011

Voraussichtliche Entwicklung

Wenn man sich zum Beispiel die Prognosen der UNCCD für die Entwicklung der Desertifikation anschaut, so bekommt man den Eindruck, dass die Entwicklung uns zeigt: „Schlimmer geht immer!"

Soziale Entwicklung

Die vorhin genannte Wasserknappheit wird sich weiter verschärfen. Nach Vorhersagen der UNCCD werden „bis 2025 1,8 Milliarden Menschen absolute Wasserknappheit erleben, und zwei Drittel der Weltbevölkerung werden unter angespannten Wasserversorgungs-Bedingungen leben."[21] Die Studie behauptet, dass bis 2030 der Bedarf an Wasser um 30 % steigen wird.[22]

Auch was die Nahrung betrifft, wird es ein Umdenken geben müssen. Denn momentan gehen laut eines Flyers der UNCCD[23] pro Jahr 12 Millionen Hektar Land durch DLDD (**D**esertification, **L**and **D**egradation and **D**rought) verloren. Auf dieser Fläche hätten 20 Millionen Tonnen Getreide angebaut werden können, bis die Nährstoffe erschöpft gewesen wären, wobei ein funktionierendes Ökosystem einen Kreislauf bildet, wodurch nichts verloren geht und das Potential birgt, über die Zeit unendlich viel Nahrung zu produzieren. Dies gilt natürlich nur, wenn man die Nährstoffe dem Kreislauf wieder zufügt, nachdem man sie selbst genutzt hat. Dieses Land wäre eigentlich gut zu gebrauchen, da schon heute ca. 925 Millionen Menschen unter- und mangelernährt sind (80 % dieser Gruppe sind Kleinbauern und landlose Arme)[24]. Bis 2050 wird erwartet, dass der Bedarf an Nahrung um 70 % steigen wird.[25]

---

21 Webseite der UNCCD, Land and Drought, Infotext
22 Webseite der UNCCD, Land and Human Security → Water Security
23 L. Gnacadja; Flyer der UNCCD; 2011
24 L. Gnacadja; Flyer der UNCCD; 2011
25 Webseite der UNCCD, Land and Human Security → Food Security

Wirtschaftliche Entwicklung

„40 % aller innerstaatlichen Konflikte in den letzten 60 Jahren sind mit der Kontrolle oder Verschiebung von natürlichen Ressourcenquellen verbunden"[26] Und das wird wahrscheinlich auch weiterhin so bleiben. Wenn Desertifikation weiterhin so voranschreitet wie bisher, werden die natürlichen Ressourcenquellen bloß immer stärker erschöpft und dadurch wertvoller und begehrter. Und in einem Land, in dem es ständig Konflikte wegen Wasser, Nahrung, Brennholz oder ähnlichen Gütern gibt, wird es keine stabile politische Lage geben, die nötig ist, um eine funktionierende und vielleicht sogar wachsende Wirtschaft zu etablieren. Das heißt, die von Desertifikation betroffenen Länder, die das Geld von Investoren eigentlich am stärksten benötigen, werden immer politisch sowie wirtschaftlich zu instabil sein, als dass globale Unternehmen sich trauen würden, Geld in diese Länder zu stecken. Da jedoch 52 % der Flächen, die wir agrikulturell bewirtschaften, von Desertifikation mittel bis schwer betroffen sind, wird die Produktion von Nahrung in den nächsten 25 Jahren möglicherweise bis zu 12 % fallen, was einen globalen Kostenanstieg von Lebensmitteln von bis zu 30 % nach sich ziehen würde.[27] Eine Katastrophe für Geringverdiener, nicht nur in Entwicklungsländern.

Biologische Entwicklung

Wie auch schon bei den momentanen Auswirkungen herrscht hier Informationsnot, denn man kann nichts zur zukünftigen Entwicklung der Desertifikation im biologischen Sinne finden. Ein paar Informationen habe ich aus verschiedensten Artikeln zusammengetragen, bin aber zu dem Schluss gekommen, dass es mehr Sinn macht, diese Informationen in den Kontext der Desertifikationsbekämpfung einzubringen.

---

26 Webseite der UNCCD, Land and Human Security → National Security
27 L. Gnacadja; Flyer der UNCCD; 2011

Maßnahmen um Desertifikation aufzuhalten

Desertifikationsbekämpfung in den Medien

Der wohl populärste Ansatz, um Desertifikation entgegen zu treten, stammt wohl von Allan Savory, ein Ökologe, der sich seit vielen Jahren mit Desertifikation auseinandersetzt.

Seine Methode, das „Holistic Grazing Management", besagt, entgegen allen sonstigen Theorien, dass wenn man viermal so große Herden wie üblich auf engem Raum Grasen lässt, und die Herde schnell und nach Vorbild der Natur weiterbewegt, Desertifikation nicht nur verlangsamt sondern gestoppt oder sogar rückgebildet werden kann.

Sein größter Erfolg ist jedoch, dass er die Aufmerksamkeit der Allgemeinheit auf das Problem der Desertifikation gelenkt hat, und so eine Einstellung der Hilfsbereitschaft und Interessiertheit in der Bevölkerung der Industrienationen bewirkt. Gleichzeitig sollte man, wenn man sich zum Beispiel seinen TedTalk[28], der zum jetzigen Zeitpunkt (8.1.2018) über 6 Mio. mal gesehen wurde, zu dem Thema anhört, Vorsicht walten lassen. Wenn man darauf achtet, fällt einem nämlich schnell auf, dass er niemals konkrete Werte nennt und nur Vorher-Nachher Bildvergleiche nutzt, um seinen Erfolg zu präsentieren. Durch diesen TedTalk wurde er berühmt und gewann Unterstützer, so dass er jetzt eine eigene Stiftung gegen Desertifikation ins Leben gerufen hat und neben seinen zahlreichen Papers auch drei neue Bücher geschrieben hat.

Jedoch gilt er in der Forschergemeinschaft als unseriös und populistisch, weshalb schnell Facharbeiten aufkamen, in denen Allan Savorys Methode als falsch entlarvt wurde.

Wen dieses Thema weiter interessiert, sollte sich zuerst mit „The Science and Methodolgy of Holistic Planned Grazing" (der erneuerten Version von 2015) vertraut machen[29] und sich danach die Gegenseite anschauen.[30]

---

28 Ted; 2013
29 Website der Savory Stiftung/ Institute/ Our Strategy
30 John Carter et al.; 2014

Entwicklungsprojekte[31]

Es existieren zwei generelle Herangehensweisen an das Problem:

Zum einen gibt es die rein technischen Verfahren oder auch die technische LNP (**L**and **N**utzungs**p**lanung). Solche technischen Maßnahmen wären zum Beispiel windbrechende Planen, die das zu schützende Feld umgeben, oder Gräben und Wälle, die tief fliegende Erde auffangen und so die Erosion wenigstens verlangsamen.

Zum anderen gibt es politisch und sozial orientierte Herangehensweisen.

Und während es vor einigen Jahren noch wissenschaftlich anerkannt war, nur technische LNP zu betreiben um Desertifikation zu verhindern, so hat man in der modernen Desertifikationsbekämpfung erkannt, dass Hybriden aus technischer LNP und politischer Bemühungen die besten Ergebnisse liefern. Außerdem ist es von unglaublicher Wichtigkeit, die Einwohner des Gebietes, in dem man agiert, mit einzubeziehen, so dass sich diese nicht übergangen fühlen und die Helfenden nicht als Störung oder sogar Bedrohung betrachten.

Als Weiterführung dieses Gedankens werden auch viele Projekte mit dem Ziel der Hilfe zur Selbsthilfe durchgeführt. In ihnen lernen die Einwohner selbst zu entscheiden, was zu tun ist und dies dann auch selbstständig umzusetzen.

Eine wichtige Vorgehensweise in der angewandten Desertifikationsbekämpfung ist RAFD (recherche, action, formation and development). Sie besagt, dass man erst einmal mit den Bewohnern Probleme, Zusammenhänge und Techniken erforscht (recherche) und mögliche Lösungen herausarbeitet, bevor die Verbesserungen und Lösungen erprobt (action) und verfeinert an mehr Menschen weitergegeben werden (formation), was letztendlich zu einem breitenwirksamen Einsatz dieser Verbesserung führt (development).

---

31 In folgendem Thematischen Abschnitt beziehe ich mich nur auf das Paper von T. Hammer von 2001, da es eine sehr gute Zusammenfassung der bisherigen Erkenntnisse auf dem Gebiet darstellt

Diese RAFD-Vorgehensweise kommt zum Beispiel meist zum Einsatz, wenn Techniken, Ressourcennutzungsformen oder Methoden einer Gesellschaft überarbeitet oder modernisiert werden sollen, da der Import eines völlig neuen Systems aus einer Industrienation meist umständlicher und schwerer einzuführen ist, wobei die Effektivität dieser importierten Systeme meist durch mäßig gute Implementation stark leidet und dadurch auch noch ineffizienter wird, als die überarbeitete Variante des alten Systems.

Oft ist es jedoch auch nötig, bestehende Hierarchien oder soziale Konstrukte zu überarbeiten oder vollkommen einzureißen. Ein gutes Beispiel wäre eine Dorfgemeinschaft, in der sich viele nicht dafür verantwortlich fühlen, etwas gegen die Desertifikation zu unternehmen, da der Stand dieser Personen in der Gemeinschaft sie nicht dazu verpflichtet. Desertifikationsbekämpfung geht tatsächlich aber alle Mitglieder der Gemeinschaft etwas an und alle müssen mithelfen, sonst wird es nicht zu Erfolg führen.

Aber nicht nur Dorfbewohner können etwas tun. Die Entwicklung des Kampfes gegen Desertifikation hängt natürlich auch von externen Einflüssen ab. So setzt sich in den Staaten der Sahelzone ein stark dezentralisiertes Staatssystem durch, was es den Gemeinden ermöglicht, individuell auf die jeweiligen Gegebenheiten der Umgebung einzugehen. Zudem werden lokale Organisationen durch den Staat vermehrt gefördert, die einen starken Einfluss auf die Desertifikationsbekämpfung haben.

Auch wir, die Industrienationen, können helfen, indem wir Produkte aus der Sahelzone subventionieren, mehr Entwicklungshilfe leisten, und Abkommen wie das CCD (International **C**onvention to **C**ombat **D**esertifcation) verstärkt unterstützen.

Rolle der UNCCD in der Desertifikationsbekämpfung

Die United Nations Convention to Combat Desertification ist ein 1994 gegründetes Abkommen, welches es sich zum Ziel gesetzt hat Degradationsneutralität herzustellen, so dass also kein Land mehr durch Desertifikation verloren geht. Um das zu erreichen, treffen sich Vertreter aller 196 Mitgliedsländer alle zwei Jahre in durch Desertifikation betroffenen Ländern und halten dort eine Konferenz ab.

Jedoch hat sich der Wirkungsbereich des Abkommens mit der Zeit erweitert. Daher fungieren seine Vertreter heute in vielen großen Projekten als Vermittler und Organisatoren. Ein Beispiel dafür wäre die „Great Green Wall"-Initiative, bei der versucht wird, einen Streifen aus Bäumen über die von Desertifikation am schwersten betroffenen Gebiete zu ziehen, und wieder nutzbares Land daraus zu machen.

Um solch kolossale Projekte handhaben zu können, arbeitet die UNCCD oft mit den anderen beiden Abkommen der Rio-Konvention (CBD & UNFCCC) zusammen.

Fazit

Desertifikation wird eine der größten Hürden sein, die wir im 21. Jahrhundert nehmen müssen. Und auch, wenn wir schon auf einem guten Weg sind, ist das kein Grund, nicht weiter daran zu arbeiten und möglicherweise sogar eine dauerhafte Lösung zu finden. Denn auch wenn Desertifikation eine Gefahr mit großem Potential darstellt, bin ich mir einer Sache sicher: Das Potential des Menschen sich weiter zu entwickeln und neue Lösungen zu finden ist ebenfalls sehr groß.

Hoffen wir also, dass der Titel eines Buches von Robert Atzmüller nicht auch der Titel der menschlichen Geschichte wird:

> „Der Wald geht dem Menschen voraus ...
> die Wüste folgt ihm"[32]

---

32 Robert Atzmüller; 2011

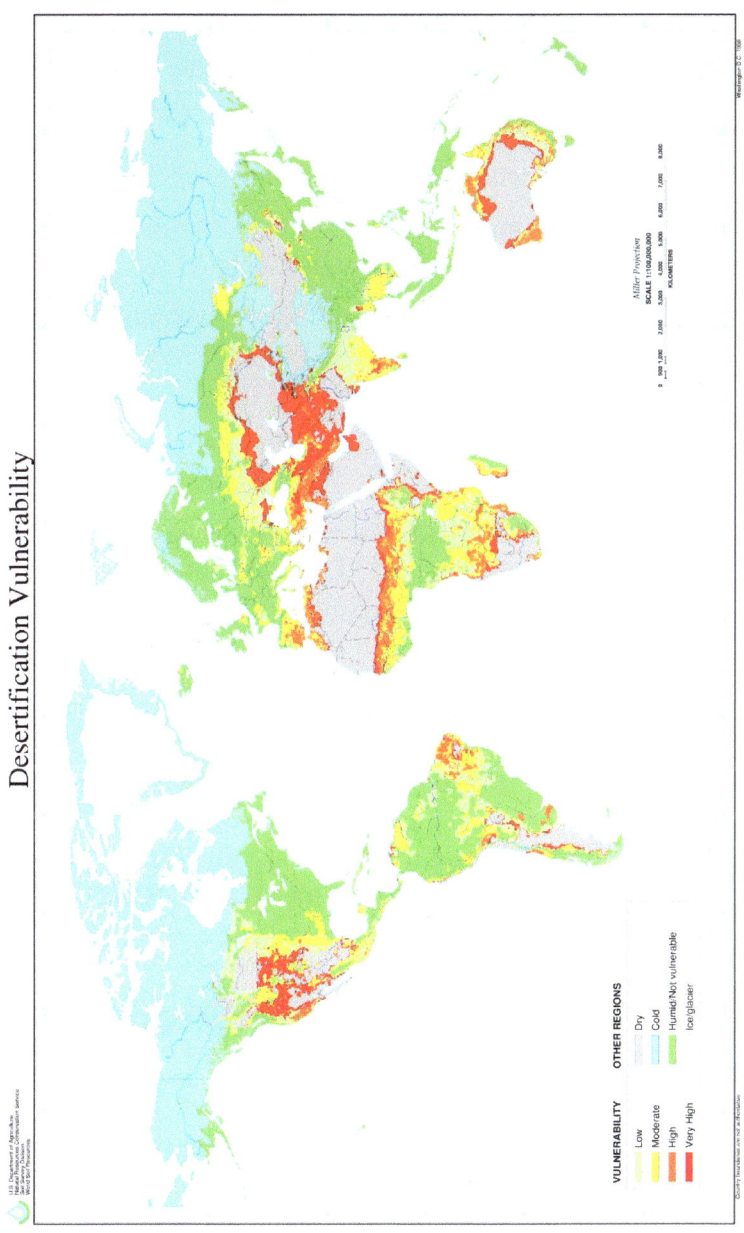

Abbildung 3: Kartographische Darstellung der Welt und ihrer "Verwundbarkeit" gegenüber Desertifikation – Creative Common Lizenz durch Wikimedia mehr Informationen finden sich in der Quellenliste

Definitionen[33] und Erläuterungen

Degradation*	(Landwirtschaft) meist mit einer Verminderung der Fruchtbarkeit verbundene Abwandlung der Merkmale eines Bodens durch Auswaschung, Kahlschlag, durch Änderung des Klimas u.a..
Desertifikation*	Vordringen der Wüste in semiaride, bisher noch von Menschen genutzte Gebiete.
Erosion*	zerstörende Wirkung von fließendem Wasser, auch von Eis und Wind an der Erdoberfläche.
Vegetation*	ein bestimmtes Gebiet bedeckende Pflanzen; Pflanzendecke, Bestand an Pflanzen.
UNNCD	United Nations Convention to Combat Desertification ist eine Vereinigung, die 1994 gegründet gegen Desertifikation kämpft. Seit 1997 treffen sich Komitees verschiedener Länder in Ländern die von Desertifikation betroffen sind, um gemeinsam Lösungen zu finden.
Sandwüste*	Wüste, deren Boden aus Sand besteht
Halbwüste	Die Halbwüste stellt eine Landschaftszone dar, die geringfügig feuchter als die echte Wüste, aber immer noch trockener als die Dornsavanne ist. Sie befindet sich meist am Rand (in der Übergangszone) einer solchen „Sandwüste". Siehe Wikipedia/Wüste/Halbwüste
Flora*	[systematisch erfasste] Pflanzenwelt eines bestimmten Gebietes
Landegradation*	(Landwirtschaft) meist mit einer Verminderung der Fruchtbarkeit verbundene Abwandlung der Merkmale eines Bodens durch Auswaschung, Kahlschlag, durch Änderung des Klimas u. a.

---

33 Alle Definitionen, die mit einem * gekennzeichnet sind, stammen von folgender Quelle: Bibliographisches Institut GmbH/Dudenverlag

Quellen

1. Gnacadja, Flyer der UNCCD, 2011
    http://www.unccd.int/Lists/SiteDocumentLibrary/WDCD/DLDD %20Facts.pdf

2. Dregne, 1992
    Global Desertification Dimensions and Costs; H. E. Dregne & Nan- Ting Chou; 1992; Lubbock: Texas Tech. University

3. Bergers, 2012
    Wüstenbildung in der Sahelzone. Leitbilder der modernen Ursachenforschung; Hendrik Bergers; 2012; Bochum:Ruhr-Universität Bochum

4. Okin; 2009
    Do Changes in Connectivity Explain Desertification? ; G. Okin, A. Parsons, et al.; 2009; Oxford: Oxford: Oxford University Press; erschienen in der Fachzeitschrift *BioSience* Vol. 59 Issue 3; hier einzusehen: https://doi.org/10.1525/bio.2009.59.3.8

5. Hein & de Riddert, 2006
    Desertification in the Sahel: a reinterpretation.; L. Hein & N. de Riddert; 2006; erschienen in der Fachzeitschrift *Global Change Biology* Vol. 12 Issue 5 verlegt durch: *John Wiley & Sons, Inc.*;

6. Ibrahim, 1992
    Gründe des Scheiterns der bisherigen Strategien zur Bekämpfung der Desertifikation in der Sahelzone.; F. Ibrahim; 1992; Basel : Basler Afrika-Bibliographie; erschienen in Vol. 17 auf den Seiten 70-93

7. Mortimore & Turner, 2005
    Does the Sahelian smallholder`s management of woodland, farm trees and rangeland support the hypothesis of human-induced desertification? ; M. Mortimore & B. Turner; 2005; erschienen in der Fachzeitschrift: Jurnal of Arid Enviroments Vol. 63 Issue 3 auf den Seiten 567-595

8. Nicholson & Tucker, 1998
    Desertification, Droght and Surface Vegetation: An Example from the West African Sahel; S. E. Nicholson & C. J. Tucker; 1998; erschienen in der Fachzeitschrift:
    Bulletin of the American Meterological Society Vol. 79 Issue 5 zu finden auf den Seiten 815-829

9. Webseite der UNCCD
   http://www2.unccd.int/ entnommen am 7.1.2018 um 15:32

10. T. Hammer, 2001
    Desertifikationsbekämpfung im Rahmen von Entwicklungsprojekten;
    Thomas Hammer; 2001; Freiburg:Universität Freiburg Institut für
    Geographie; https://link.springer.com/epdf/10.1007/s005480100025?
    shared_access_token=n_d6rqv1ygDKd_VmDXN3fe4RwlQNchNByi7
    wbcMAY6EP1IqWUFKvn61eTF66o1B2HmimmTWa-
    3XXk7pLdJk2vjKUy_Oc6eDlTNorLKyI2smP2UWqbujBgsp3RKuMdZ
    SeTjDI1evGX4RjELRUuNeeCgjd7Ti75fJQtyEJOFBlqI%3D

11. Verena Schmitt; 2013
    Desertifikation in der Region Murcia/Spanien; Verena Schmitt; 2013;
    München:VDM Verlag Dr. Müller ek.; ISBN-10: 3639020081

12. Artikel 1 lit. a UNCCD
    UNITED NATIONS CONVENTION TO COMBAT
    DESERTIFICATION; Autor unbekannt; 1994;
    http://www2.unccd.int/sites/default/files/relevant-links/2017-
    01/UNCCD_Convention_ENG_0.pdf

13. Joanna Paraszczuk; 2015; IS 'Water War' Dries …
    IS 'Water War' Dries Marshes In Southern Iraq; Joanna Paraszczuk;
    2015; veröffentlicht durch: Radio Free Europe/Radio Liberty
    https://www.rferl.org/a/is-water-war-dries-marshes-in-southern-
    iraq/27098762.html

14. Ausgaben Bundeshaushalt
    veröffentlichte Ausgaben des Bundeshaushalts; einzusehen bei:
    https://www.bundeshaushalt-
    info.de/#/2017/soll/ausgaben/einzelplan.html aufgerufen am 5.1.2018

15. Welt 2011
    8,7 Mio. Arten gibts auf der Erde; Sabine Kurz; 24.8.2011; WeltN24
    GmbH; https://www.welt.de/print/die_welt/wissen/article13562004/8-7-
    Millionen-Arten-gibt-es-auf-der-Erde.html

16. Ted; 2013
    Teil einer Aufzeichnung einer offiziellen Ted-Konferenz im Februar
    2013;
    https://www.ted.com/talks/allan_savory_how_to_green_the_world_s_de
    serts_and_reverse_climate_change?language=de

17. Website der Savory Stiftung/ Institute/ Our Strategy
https://www.savory.global/institute/#our-strategy oder hier der Direktlink
zum erneuerten Paper https://www.savory.global/wp-
content/uploads/2017/02/The_Science_and_Methodolgy_of_Holistic_Pl
anned_Grazing.pdf

18. John Carter et al.; 2014
Holistic Management: Misinformation on the Science of Grazed
Ecosystems; John Carter et al.; 2014; veröffentlicht in der
Fachzeitschrift: International Journal of Biodiversity, vol. 2014,
Artikelnummer: 163431;
https://www.hindawi.com/journals/ijbd/2014/163431/

19. Robert Atzmüller; 2011
Der Wald geht dem Menschen voraus -- die Wüste folgt ihm; Robert
Atzmüller; 2011; Unbekannter Standort:Books on Demand; ISBN-10
Nummer: 3844808566

Kunststoff im Meer

von Esra Mohamed

Einleitung

Wissen Sie, wie lang die Lebensdauer von einer Plastikflasche, Plastiktüte, Getränkedose, Kaugummi etc. wirklich ist, bis sie vollständig verrotten?
Ein großes Problem auf unserer Welt ist das Kunststoff im Meer, denn es schadet nicht nur dem Meer und den Meereslebewesen die dort leben, sondern auch uns Menschen. Tiere werden krank oder sterben auch mal im schlimmsten Fall. Aber was können wir Menschen dagegen tun, dass genau das nicht passiert? Was können wir dagegen tun, dass weniger Müll ins Meer gelangt? Was können wir dagegen tun, dass weniger Plastik produziert wird? Gibt es Hoffnung, die Meere wieder Plastik frei zu bekommen? Können wir überhaupt noch ein Leben ohne Plastik führen?

Fragen, die sich jeder nach einer Zeit fragt.

Um weitere Informationen zu diesem Thema zu erhalten, führte ich mit Dr. Bernhard Bauske aus der Umweltorganisation World Wide Fund for Nature (WWF) über das Thema: „Kunststoff im Meer" ein telefonisches Interview. Jetzt werde ich Ihnen mit Hilfe von Dr. Bauske Ihre fragen beantworten.

Wie kommt der Kunststoff in unsere Weltmeere?

Nicht alles Kunststoff auf dieser Welt wird recycelt. In vielen Ländern dieser Welt ist die Entsorgung von Müll ein großes Problem. Viel Müll landet in der Natur oder auch auf offenen Müllkippen. Doch ein Großteil des Plastikmülls kommt vom Land, durch eine unzureichende Abfallentsorgung.[34] Die größten Mengen an Müll

---

34 Interview Dr. Bauske

entstehen in den sogenannten Industrienationen. Das sind Länder wie zum Beispiel Deutschland, in denen viele Waren gekauft und weggeworfen werden. Meist verlieren die Schiffe Müll im Meer und bei Sturm auch mal einen ganzen Container. Dies geschieht meist jedoch unabsichtlich. Etwa 20 % Plastikmüll verlieren wir im Meer über Schiffe. Und etwa 80 % vom Festland beziehungsweise an Stränden.[35] Die Hauptverschmutzer sind regional jedoch unterschiedlich. Während an der Nordsee der meiste Kunststoffmüll durch die Frachtschifffahrt ins Meer gelangt so sind es an der Ostsee hauptsächlich Touristen, die das Meer verschmutzen. Plastiktüten und auch Plastikflaschen sind ziemlich leicht und werden auch somit bei Wind leicht ins Meer mitgerissen. Plastikmüll wie Tüten, Folien auch mal Zahnbürsten, Becher, Plastikflaschen oder auch Kanister, was oft an Stränden zurückgelassen wird, dauert Jahrhunderte,[36] bis es sich zersetzt. Ein großes Problem sind aber auch die Flüsse und Bäche, denn in ihnen werfen Menschen oft gerne auch mal Müll rein. Wie jeder weiß, münden auch Flüsse und Bäche in unseren Weltmeeren und somit auch der Müll, der in ihnen geschmissen wurde.[37] Es ist zwar verboten, wird jedoch ab und zu dann doch gemacht.

Hier sehen Sie die Haupteintragsquellen von Plastikmüll im Meer: [38]

35 Interview Dr. Bauske

36 https://www.umweltbundesamt.de/service/uba-fragen/verrottet-plastik-gar-nicht-nur-sehr-langsam (entnommen am 09.12.2017)

37 Interview Dr. Bauske

38 Informationen für die Mind Map aus:
https://commons.wikimedia.org/wiki/File:Mikroplastik-im-Meer-ESKP.png &
https://utopia.de/infografik-so-kommt-das-plastik-ins-meer-18540/
(entnommen am 09.12.2017)

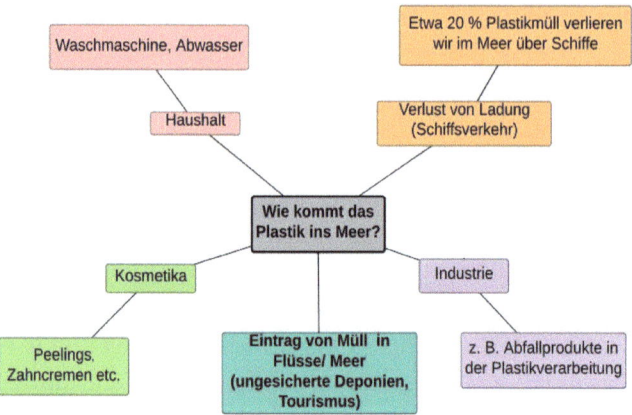

Das Wichtigste aus der Sicht der Umweltorganisation WWF ist eben, dass dieser Kunststoffmüll gar nicht erst in die Flüsse beziehungsweise Meere gelangen oder irgendwo abgelegt werden sollte, sondern vorher eingesammelt werden müsste.[39] Was wir aber auch nicht wissen, ist, dass jeder einzelne Mensch von uns, egal ob gewollt oder nicht, jeden Tag kleine Kunststoffpartikel, die sich in Peelings oder auch in Duschgels befinden, in den Abfluss und somit auch ins Meer raus lässt.

Ähnlich ist es aber auch bei der Waschmaschine, denn es befinden sich in der Kleidung auch ganz viele kleine solcher Partikel, diese verlieren sie beim Waschen. Für Filter und Kläranlagen sind diese Partikel allerdings viel zu klein. Pro Waschgang gehen ungefähr 2000 Kunstfasern ins Abwasser[40] und gelangen somit ins Meer.

80 % des Plastikmülls in den Weltmeeren kommen laut dieser Studie der EllenMacArthur Foundation[41] aus asiatischen Ländern. Das sind

39Interview Dr. Bauske
40 Plastik im Meer - Wie gefährlich ist Plastikmüll? Tagesschau. DE 2017. TC: 0,46– 0,47 (entnommen am 2.10.2017)
41 http://www3.weforum.org/docs/WEF_The_New_Plastics_Economy.pdf

Länder wie China, die Philippinen, Vietnam, Sri Lanka und Indonesien. Grund dafür ist, dass solche Länder, anders als bei uns hier in Deutschland, einfach noch keine richtige Abfallentsorgung haben. Das heißt, der Müll wird dort oft auf einem großem Haufen gekippt die, dann ab und zu angezündet werden oder in irgendwelche Müllkippen am Rande der Meere oder auch direkt ins Meer gekippt werden, sodass dann auch natürlich der ganze Kunststoff Müll in die Meere gelangt.[42]

Warum ist die Abfallentsorgung in vielen Ländern unzureichend?

Die WWF konnte große Unterschiede zwischen Deutschland und Ländern in Südostasien feststellen.[43] Die Gründe für diese Unterschiede sind die gesetzlichen Rahmenbedingungen, die persönliche Einstellung der Menschen und die fehlende Finanzierung der Abfallentsorgung in den jeweiligen Ländern. Wir haben in Deutschland eine Teilfinanzierung durch die Industrie, das heißt, die Abfälle werden über das Duale System wie zum Beispiel den „Gelben Sack" eingesammelt, weiter verwertet, sortiert und recycelt. Das wird von der Industrie über Lizenzgebühren auf Verpackungen bezahlt. Dieses System gibt es in vielen Ländern aber noch nicht.

Dieser Aspekt ist ein wichtiger Teil unserer täglichen Arbeit, denn wir fordern die Politik, die Rahmenbedingungen in die Richtung einer globalen Konvention zum Thema Plastik anzupassen, sodass es wieder eingesammelt wird und eben nicht in die Umwelt gelangt.

– Dr. Bauske

(entnommen am 2.10.2017)
42 Interview Dr. Bauske
43 Interview Dr. Bauske

Wie viel Plastikmüll schwimmt bereits in unseren Weltmeeren?

In den Meeren schwimmen ganz unterschiedliche Arten von Müll. Der englische Meeresbiologe Richard Thompson fand an über 20 Stränden weltweit in jeder einzelnen Sand probe mikroskopisch kleine Plastikkörnchen und Fasern.[44] Herausgefunden hat er auch, dass es mittlerweile mehr Plastikmüll auf unseren Stränden zu finden gibt als Muscheln. Dadurch, dass der Müll nicht richtig gesammelt wird oder an Meeresküsten und Flüssen landet, wird er nach und nach ins Meer gespült. Weltweit wird geschätzt das ca. 75 % des Mülls aus Plastik besteht.[45]

Auf unseren Ozeanen treiben mittlerweile schon ziemlich große Mengen an Plastik herum. Durch die Strömungen in den Meeren sammeln sie sich zu großen Plastikansammlungen an. Ansammlungen im Meer, die teilweise größer sind als ganz Deutschland.[46] Die größte Ansammlung ist mittlerweile so groß wie Mitteleuropa. Weltweit gibt es 6 riesige Plastik-Müll-Strudel. Einer von ihnen liegt im Ostpazifischen Ozean, die anderen im Südpazifischen, Nord- und Südatlantischen, Indischen und auch im Westpazifischen Ozean.

Erst kürzlich schätzten Forscher des Alfred-Wegener-Instituts, dass jährlich rund um 10 Millionen Tonnen[47] an Plastikabfall in die Ozeane und Meere der Welt gelangen. Aber wenn man jetzt die Menge an Plastik berechnet, die in den Meeren schwimmt, dann kommt man jährlich grob gerechnet auf 250 Tausend Tonnen. Das wäre ungefähr ein Müll wagen pro Minute[48]. Selbst in den

---

44 Unsere Erde, blauer Planet. Wie lange noch? Immer mehr Plastik- Müll in den Meeren. Richard Thompson. Bericht: Mike Schäfer. DE 2015/ US 2015. TC: 2:25 – 2:34 (Entnommen am 2.10.1017)

45Müll im Meer - Gefahren und Lösungen. Axel Kölling. DE 2012. TC: 1:22 – 1:33 (entnommen am 2.10.2017)

46https://reset.org/knowledge/plastic-ocean-plastikinseln-im-meer (entnommen am 09.12.2017)

47http://www.wiwo.de/technologie/green/living/meeresmuell-initiative-will-die-ozeane-von-plastik-befreien/13546196.html (Entnommen am 5.10.2017)

48 Interview Dr. Bauske

einsamsten und fernsten Ecken der arktischen Gewässer entdeckten Forscher mithilfe von einer Spezialkamera noch Müll. Im Jahr 2015 waren es mindestens 5,25 Billionen[49] Plastikteile mit einem Gesamtgewicht von etwa 250.000 Tonnen[50,] die sich in den Weltmeeren befanden.

Das ist eine deutliche Unterschätzung, denn das Problem ist, dass ein Großteil davon auf dem Meeresgrund absinkt und viele verschiedene Kunststoffarten somit ins Meer gelangen.

- Dr. Bauske

Geschätzt wird das ungefähr 80 Millionen Tonnen[51] bereits im Meer liegen, hauptsächlich auf dem Meeresgrund. Damit kämen auf jeden Weltbürger derzeit über 700 Kunststoffteile[52], die im Meer umhertreiben.

Solange braucht Kunststoff wirklich, um zu verrotten

Wie selbstverständlich entsorgen die meisten Menschen Tag täglich ihren Müll, ohne sich dabei Gedanken zu machen. Leider gibt es auch viele Menschen, die ihre Reste noch nicht einmal ordnungsgemäß entsorgen, sondern einfach auf den Boden werfen. Das, dass unsere Umwelt verschmutzt, ist bekannt.

---

49 https://utopia.de/galerien/plastikmuell-im-meer-schlimm-ist-es-wirklich/#1 (entnommen am 5.10.2017)
50 Interview Dr. Bauske
51 Interview Dr. Bauske
52 https://utopia.de/ratgeber/plastikmuell-im-meer-kann-ich-dafuer/ (entnommen am 6.10.2017)

So lange braucht der Müll im Meer um abgebaut zu werden

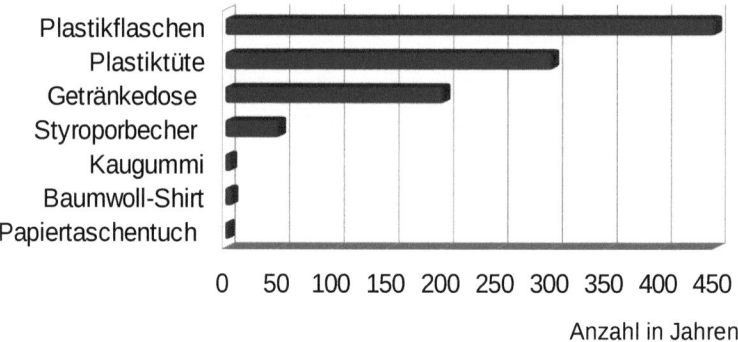

Anzahl in Jahren

Plastikmüll in der Arktis

Die Arktis wird mehr und mehr zum globalen Endlager für den Plastikmüll. Er findet sich an der Meeresoberfläche, am Boden der Tiefsee - und als Mikroplastik sogar in Eisschollen und Sedimenten.[53]

Auch Haushaltsmüll aus niedrigeren geografischen Breiten findet sich längst in der Arktis.

"Wo das genau herstammt, lässt sich nicht immer sagen. Bei einigen Teilen haben wir russische Aufschriften gefunden, bei anderen skandinavische. "

-Melanie Bergmann

Aber auch aus Deutschland landet Müll im hohen Norden. Der Abfall besteht vor allem aus Plastik, je nach Strand waren es zwischen 82 und 100 % der Funde. Damit liegt die Arktis über dem globalen Durchschnitt, wo etwa 72 % allen Mülls am Strand aus Kunststoffen bestehen. Zusätzlich zu den größeren Plastikfunden am Grund der

---

53 Zitiert aus: http://www.spiegel.de/wissenschaft/natur/plastikmuell-in-der-arktis-die-muellkippe-im-norden-a-1184545.html (entnommen am 09.01.2018)

Tiefsee gibt es auch hier ein Mikroplastik-Problem. Die Sedimente sind teils stark damit belastet. Forscher vermuten, dass die Plastikteilchen aus schmelzenden Eisschollen auf den Meeresgrund rieseln. [54]

> Forscher vom Alfred Wegener Institut (AWI) in Bremerhaven haben die Funde inzwischen ausgewertet und die Ergebnisse im Fachmagazin „Marine Pollution Bulletin" veröffentlicht, Lutz ist eine der Co-Autorinnen des Artikels. Das erschreckende Fazit: Die untersuchten Strände in der entlegenen Arktis sind ungefähr genauso stark belastet wie Küstenabschnitte in deutlich dichter besiedelten Gebieten. Der Plastikmüll hat längst die Arktis erreicht.
>
> *-Christoph Seidler*

Die arktischen Strände sind müllbelastet, wie auch eine Untersuchung aus Alaska zeigt zeigt.[55] Dort wurden allein auf 80 Strandkilometern mehr als 10 Tonnen Müll eingesammelt, vor allem Plastik.[56] Doch die der Müll befindet sich nicht nur an den Küsten, sondern auch am Boden der Tiefsee und kleine feine Mikroplastik Partikel sogar in den Eisschollen, die den Ozean bedecken.

Mikroplastik auch im Sediment

Und auch in der Tiefsee sieht es nicht gut aus. Im letzten Jahr beschrieben Bergmann und ihre Kollegen in den „Oceanographic Research Papers" Beobachtungen am Tiefseeboden der Framstraße zwischen Grönland und Spitzbergen. Dort gibt es nicht nur im

---

54 Alles Informationen aus:
http://www.spiegel.de/wissenschaft/natur/plastikmuell-in-der-arktis-die-muellkippe-im-norden-a-1184545.html
(entnommen am 09.1.2018)
55 Zitiert aus: http://www.spiegel.de/wissenschaft/natur/plastikmuell-in-der-arktis-die-muellkippe-im-norden-a-1184545.html (entnommen am 10.01.2018)
56 Zitiert aus: http://www.spiegel.de/wissenschaft/natur/plastikmuell-in-der-arktis-die-muellkippe-im-norden-a-1184545.html (entnommen am 10.01.2018)

weltweiten Vergleich überdurchschnittlich viel Müll. Die Menge hat über die vergangenen Jahre auch noch drastisch zugenommen: Allein zwischen 2002 und 2014 stieg die Zahl der Müllteile von rund 3600 auf mehr als 6300 pro Quadratkilometer.[57]

Zusätzlich zu den größeren Plastikfunden am Grund der Tiefsee gibt es auch hier ein Mikroplastik-Problem. Die Sedimente sind teils stark damit belastet.

-Melanie Bergmann (Sommer 2017)

Die höchsten Werte fanden die Forscher übrigens an den nördlichsten Messpunkten, was sie vermuten lässt, dass die Plastikteilchen aus schmelzenden Eisschollen auf den Meeresgrund rieseln.[58]

Die Müllkippen der Meere

Die Arktis wird, so scheint es, zumindest in Teilen zu einem Endlager für den Plastikmüll der Welt. Zu diesem Schluss kommen auch Forscher wie Andrés Cózar von der Universität im spanischen Cádiz. Sie hatten 2013 bei einer Expedition mit dem Forschungsschiff "Tara" rund um den Nordpol mit einem feinmaschigen Sammelnetz nach Müll Ausschau gehalten. In diesem Frühjahr warnten sie in einem Artikel davor, dass Plastik aus Europa und Nordamerika über die Meeresströmungen aus dem Nordatlantik immer weiter in die hohe Arktis gelangt - und dort bleibt. Vor allem die Grönland- und die Barentssee seien betroffen. Dort sei der Plastikmüll in kleine Teile zerfallen, teils mit Hunderttausenden Partikeln pro Quadratmeter Oberfläche.

Bergmanns wichtigstes Arbeitsgerät ist das "Ocean Floor Observation System", kurz Ofos. Es hängt an einem Stahlseil hinter

---

57 Informationen aus: http://www.spiegel.de/wissenschaft/natur/plastikmuell-in-der-arktis-die-muellkippe-im-norden-a-1184545.html (entnommen am 10.01.2018)
58 Informationen aus: http://www.spiegel.de/wissenschaft/natur/plastikmuell-in-der-arktis-die-muellkippe-im-norden-a-1184545.html (entnommen am 10.01.2018)

einem Forschungsschiff und wird etwa eineinhalb Meter über dem Ozeanboden entlanggezogen. Während der Fahrt überträgt es Videobilder zum Schiff, wo die Forscher sie sofort auswerten.

Ocean Floor Observation System - OFOS

Mithilfe des sogenannten „Ocean Floor Observation System" können sich die Forscher in der Tiefsee umschauen. Das System wird für geologische und biologische Untersuchungen des Meeresbodens eingesetzt. Es ist sozusagen ein Roboter in der Tiefsee. Es ermöglicht Live-Video-Übertragungen und kontinuierliche Messung verschiedener Parameter -je nachdem, welche Sensoren mit angebracht sind- zum Schiff, und kann pro Einsatz mehrere hundert Fotos, zum Beispiel Farbdias, die von Schiff aus ausgelöst werden, speichern.[59]

Was sind die Folgen?

Die Sonne macht das Plastik brüchig und der ständige Wellenschlag zerkleinert sie nach und nach. Durch diesen Plastikmüll entstehen somit ganz feine kleine Plastikteilchen, die dann ins Wasser gelangen, an den Strand gespült werden oder auch zu Boden sinken. Am Strand erkennt man diese ganz feinen Plastikteilchen gar nicht mehr, denn sie sind so klein, dass sie zwischen Sand und Plastik gar nicht mehr zu unterscheiden sind.

Noch gefährlicher wird es, wenn diese ins Meer gelangen, denn Fische, Krebse und viele andere kleinen marinen Lebewesen verwechseln diese oft mit ihrer Nahrung, dem Plankton. Sie fressen dieses fein zerkleinerte Plastik und werden somit auf Dauer krank. Selbst Korallen werden vom Plastik erstickt oder nehmen winzige Plastikpartikel auf, ohne diese wieder ausscheiden zu können.[60] Tiere wie Schildkröten, Wale und Delfine sind sogenannte Säugetiere und müssen zum Atmen an die Oberfläche kommen. Wenn das nicht

---

59 http://www.geotopic.de/GTG/4equi/ofos.htm (entnommen am 09.01.2018)
60 https://utopia.de/ratgeber/plastikmuell-im-meer-kann-ich-dafuer/
(Entnommen am 09.12.2017)

möglich ist, da sie sich in Fischernetzen oder anderen Dingen verfangen haben, ersticken sie.

Forscher fanden in Wasserproben aus verschiedenen Meeresregionen bereits bis zu sechs[61] mal mehr Plastik als Plankton. Plastik enthält oft auch Giftstoffe wie Weichmacher und Flammschutzmittel, die den Meeresbewohnern schaden und durch die Nahrungskette auch den Menschen erreichen können[62]. Es schadet also nicht nur den Meeresbewohnern, Vögeln, Schildkröten, Robben, den Korallen und vielen weiteren Tieren die am Meer leben, sondern letztlich auch uns Menschen. Somit schneiden wir uns quasi selber in unser eigenes Fleisch.

Bei einer Untersuchung fanden Wissenschaftler bei 93 % der Eissturmvögel Plastikteile im Magen. Im Durchschnitt waren es 27 Partikel pro Vogel. Forscher haben auch errechnen können, dass im Jahr 2050 mehr Plastik in den Meeren schwimmen könnte als Fisch.[63] Daher gibt es auch Forscher die vermuten, dass bis 2050 fast jeder Meeresvogel Plastikteile im Magen haben wird, wenn sich spätestens jetzt nichts ändert und die Entwicklung so weitergeht.[64]

Wie groß ist das Problem momentan?

Plastik bestimmt unseren Alltag, viele Dinge die wir Tag täglich benutzen enthalten Plastik. Etwa 300 Millionen Tonnen Plastik werden pro Jahr weltweit produziert. Nur 14 % davon werden recycelt.[65] Diese Menge bringt viele Nutzanwendungen wie zum Beispiel Flugzeuge oder Körperprothesen. Plastik ist also nicht der

61 https://utopia.de/ratgeber/plastikmuell-im-meer-kann-ich-dafuer/
(Entnommen am 9.10.2017)
62 http://www.wwf.de/themen-projekte/meere-kuesten/unsere-ozeane-versinken-im-plastikmuell/?
ppc=1&gclid=CjwKCAjwj8bPBRBiEiwASlFLFdrHEuTAJNnwj1ZR38LDoO7JQf
tOOYwBeRTozrcbPqc2WC0bBExzzhoCczoQAvD_BwE
(entnommen am 9.10.2017)
63 Interview Dr. Bauske
64 Interview Dr. Bauske
65Plastik im Meer - Wie gefährlich ist Plastikmüll?. Tagesschau. DE 2017.
TC: 0,01 – 0,09 (Entnommen am 12.10.2017)

Feind, es sind die Einwegprodukte die jedoch 40 % der Produktion ausmachen. Sie werden innerhalb eines Jahres benutzt und dann wieder weggeworfen. Die Auswirkung von Müll auf die Meeresumwelt ist ebenso dramatisch wie vielfältig. Neben dem Plastik was wir auf der Wasseroberfläche sehen können schwimmen noch viel mehr sogenanntes Mikroplastik herum. Sie sind kleiner als 5 mm[66] und kann man mit bloßem Auge meist nicht mehr erkennen, deshalb nennt man es auch Mikroplastik. Es steckt in fast allem, was man täglich braucht wie in Peelings, Duschgels, Cremes, Lotions, Make-up oder auch in Lippenstiften etc. Das Mikroplastik ist ein idealer Träger für andere Giftstoffe. Je kleiner sie sind, desto größer ist die Chance, dass Meerestiere sie versehentlich verschlucken. Etwa 70 % der Erdoberfläche sind von Wasser bedeckt. Doch heute schwimmen in jedem Quadratkilometer der Meere hunderttausende von Teilen an Plastikmüll.[67]

Weniger Plastikmüll in den Meeren

Um die Verschmutzung in unseren Meeren zu verringern brauchen wir aber auch vor allem eine ständige aktive Zusammenarbeit der zuständigen Behörden weltweit.

Projekte der lokalen Umweltorganisation WWF vor Ort, beschäftigen sich mit den Fragen, wie der Plastikmüll reduziert werden kann und wie die Verbraucherkommunikationen effektiver gemacht werden können.

Die Organisation & Koordination dieser Projekte, sowie die Öffentlichkeitsarbeit auf politischer Ebene voranzutreiben, sind aktuell meine Aufgaben. Vor kurzer Zeit war ich beispielsweise in Vietnam für ein Projekt des WWF Vietnam am Mekong Delta. Hier ist das Problem, dass viel Müll einfach in der Landschaft deponiert wird,

---

66 Interview Dr. Bauske
67 Interview Dr. Bauske

weil die Kapazitäten zur Abfallbehandlung fehlen. Das Mekong-Gebiet wird häufig überflutet und nimmt den Plastikmüll über Kanäle und Nebenarme des Mekong mit ins Meer. Wir wollen die Mülltrennung verbessern und die Verarbeitung, z. B. der organischen Fraktion zu Kompost, erleichtern.

- Dr. Bauske

Hier in Deutschland haben wir sogenannte Sammelsysteme wo Abfälle, dann auch dem entsprechend gesammelt werden. Wir können natürlich auch etwas dazu beitragen, wie Rohstoffe besser zu nutzen, wenn wir den Müll besser trennen das heißt, dass wir zum Beispiel nicht etwas in die gelbe Tonne hineintun sollten was da auch nicht hineingehört, sondern das wir auf unsere Müllsysteme achten und sie auch schätzen.

Aber woher kommt denn eigentlich Plastik?

Plastik wird künstlich hergestellt, daher nennt man es auch Kunststoff. Plastik wird aus Erdöl hergestellt. Erdöl ist ein Rohstoff. Plastik ist also eigentlich kein Müll, sondern wertvoll und kann wieder verwendet werden. Wertstoffe wie Dosen oder Plastikverpackungen gehören in den gelben Sack.

Doch was passiert mit dem gelben Sack, wenn er von der Müllabfuhr abgeholt wird?

Die Säcke werden in eine Müllsortieranlage gebracht. Dort werden die unterschiedlichen Materialien und Wertstoffe voneinander getrennt. Nach und nach werden Folien, Metall, Plastikflaschen und Plastikverpackungen aussortiert. Wertstoffe werden gepresst und wieder zu neuen Folien, Verpackungen oder Flaschen aus Kunststoff gemacht. Die Wiederverwertung von Wertstoffen nennt man Recycling. Das Wort Recycling kommt aus dem Englischen und bedeutet so viel wie Rückgewinnung und Wiederverwendung von Rohstoffen aus Abfällen. Was sich aber grundsätzlich ändern muss, wovon eher andere Länder betroffen sind, dass die Firmen die verpackte Waren verkaufen sich auch wieder an den Kosten der Sammlungen beteiligen. Das ist in Deutschland nämlich der Fall, da muss eine Lizenz Abgabe bezahlt werden, wenn ich Verpackungen oder verpackte Ware verkaufe. In den Ländern wie Südostasien ist das aber noch nicht der Fall, also dort werden Verpackungen und verpackte Ware verkauft, für die am Ende der eigene Haushalt eine Müllgebühr bezahlen muss. Die Staaten haben nicht genug Geld um diese ganzen Kosten zu bezahlen, denn das Geld gilt nicht nur für das Recyclen der Rohstoffe, sondern auch für Straßen, Krankenhäusern, Wohnungen etc. darum muss sich neben den Staaten auch die Industrie an diesen Kosten beteiligen, weil wenn es auch bezahlt wird, können dann auch die Abfälle eingesammelt werden. Das ist eben das was an erster Stelle geschehen muss. Der Müll muss eingesammelt werden damit er nicht frei in der Umwelt verbleibt.

Ist ein Leben ohne Kunststoff noch möglich?

Mittlerweile finden wir Kunststoff überall sei es im Supermarkt oder bei uns zu Hause. 240 Millionen Tonnen werden jährlich produziert, verbraucht werden dabei bis zu 6 % der weltweiten Erdöl Produktion.[68] Ein Grund dafür das Kunststoff so beliebt ist, ist die billige Produktion. Kunststoff ist nicht nur praktisch und haltbar, sondern auch unheimlich billig und ganz einfach herzustellen. Es wird für alles verwendet vom Wattestäbchen bis zur Rakete. Dinge wie Feuchttücher werden einfach die Toilette heruntergespült. Feuchttücher bestehen nicht wie das Toilettenpapier aus Papier, sondern aus Kunststoff was heißt, dass Jahrhunderte vergehen können bis es sich zersetzt.[69] In die Toilette gehören nur Urin, Kot und Toilettenpapier alles andere gehört in den Abfalleimer. Kunststoff ist leider so gut wie unzerbrechlich, es braucht Jahrhunderte, bis es sich zersetzt. Viele Menschen denken sich auch Kunststoffe einfach verbrennen zu können, was aber auf keinen Fall

68 Leben ohne Plastik. Britta Tivan. DE 2012. TC 1.04 – 1:11
69 Interview Dr. Bauske

verbrannt werden darf, denn Kunststoff enthält giftige Substanzen, die selbst in Müllverbrennungsanlagen durch Aschen, Stäube, Teere und Schlamm zurückgelassen werden. Zu diesem Schluss kommt eine Studie der Schweizer Umweltforscherin Jane Muncke, die im „Journal of Epidemiology and Community Health" veröffentlicht wurde. Die Wissenschaftler untersuchten, wie Giftstoffe aus Verpackungsmaterial in die Nahrungskette gelangen. Sie machten dabei 400 verschiedene Substanzen aus, die potenziell Gefahren für den Organismus bergen.[70] Auch die Filteranlagen können nicht alles zurückhalten. Kunststoff ist außerdem nicht recycelbar, sondern höchstens decycelbar das heißt, dass es ein, zweimal wiederverwertet werden kann, dann ist die Qualität jedoch so gering, dass es wirklich Müll ist. Wir können den verbrauch von Kunststoff einschränken, definitiv, dennoch können und wollen wir jedoch nicht ganz auf Kunststoff verzichten. Es muss nicht alles aus Kunststoff sein, ich bin auch der Meinung, dass man dafür bestimmte Anwendungen biologisch abbaubare Materialien verwenden sollte, also dinge, die jetzt nicht unbedingt so gut aussortiert werden können. Vor allem in den Ländern wo die Abfälle nicht eingesammelt werden. Dinge wie zum Beispiel das Handy, Haustelefon, Steckdosen, Schalter und Haushaltsgeräte sind einfach in unserer heutigen Generation zum Standard geworden. Ein Leben ohne diese Dinge wäre unvorstellbar. Wir natürlich leisten alle unseren Beitrag zu diesem Wahnsinn, indem wir billig Produkte aus Kunststoff ständig kaufen und auch Nachfragen. Was viele Menschen aber auch nicht wissen ist, dass der Kunststoff viele giftige Substanzen die über die Verpackung von Nahrungsmittel mit der Nahrung selbst vom Menschen aufgenommen werden. Ein Beispiel dafür ist Bisphenol A[71] ein sogenannter Weichmacher für Plastik. Die Chemikalie gilt als schädlich und darf auch inzwischen nicht mehr in Babyflaschen verwendet werden. Zum weltweiten Plastik Berg trägt jeder Deutsche

---

70 Zitiert aus: https://deutsche-wirtschafts-nachrichten.de/2014/03/03/getraenkeflaschen-aus-plastik-enthalten-giftige-stoffe/ (Entnommen am 24.12.2017)

71 http://www.focus.de/wissen/bild-der-wissenschaft/tid-17956/chemikalien-worin-ueberall-bisphenol-a-steckt_aid_500269.html (entnommen am 15.10.2017)

mit rund 259 Kg[72] Verpackungsmüll pro Jahr in die Umwelt mit bei, was vor allem für unsere Umwelt viel zu viel ist.

Technische Lösungsmöglichkeiten

Den ganzen Müll aus den Meeren zu entfernen ist so gut wie unmöglich, denn dafür ist die Menge im Meer viel zu groß. Trotzdem sollten wir Menschen über einzelne Projekte im und am Meer aufräumen. Um schlimmeres zu vermeiden, sollten wir auch aufpassen das kein Müll mehr ins Meer gelangt das heißt, Menschen sollten ihr Müll nicht achtlos wegwerfen, sondern stets in den Mülleimer werfen. Außerdem ist es ganz wichtig, dass wir unseren Müll trennen, denn nur so können wir auch sicher gehen, dass der ganze Kunststoff und auch andere Stoffe recycelt werden können. Wir trennen sogenannte Wertstoffe vom Bio- und Restmüll. Wertstoffe sind wertvoll und können wieder verwendet werden. Neben Glas, Metall und Altpapier sind das vor allem Verpackungen und Flaschen aus Kunststoff.

Strenge Maßnahmen

Der Müll in den Meeren ist ein globales Problem und wir müssen jetzt handeln, um es zu lösen.

Doch ohne strengen Maßnahmen wird es nicht gehen. Deshalb ist neben Wirtschaft, Industrie und Bürgern auch die Politik gefragt um neue Richtlinien und Anreize zu schaffen, aber auch die Einhaltung bereits bestehender Gesetze konsequenter zu verfolgen[73].

Diese Maßnahmen könnten jedoch aber auch von kurzer Dauer sein und schnell wieder enden. Im Plastik-Fall kann es daran scheitern, dass die Unternehmen zwar gegen den Plastikmüll in der Umwelt sind, aber keine weiteren Kosten für das Recycling der von ihnen in Umlauf gebrachten Plastikverpackungen auf sich nehmen wollen. Damit genau das nicht passiert setzt sich, eine Umweltorganisation

---

72 Leben ohne Plastik. Britta Tivan. DE 2012. TC 10:26 – 10:33
73 http://www.wwf.de/themen-projekte/meere-kuesten/unsere-ozeane-versinken-im-plastikmuell/ (entnommen am 28.11.2017)

von vielen, die World Wildlife Fund for Nature (WWF) dafür ein, dass zum Beispiel in Vietnam eine geringe Müllgebühr pro Haushalt kassiert wird.

Es kann nicht angehen, dass Haushalte diese Kosten tragen müssen und die Industrie, die den Plastikmüll in Umlauf bringt, sich gar nicht an den Kosten für die Entsorgung beteiligt. Wenn ich Verpackungen produziere, muss ich auch dafür sorgen, dass sie wieder zurückkommen.

-Dr. Bauske

Dies ist eine zentrale Forderung von der Umweltorganisation WWF.[74]

Laut dem Umweltbundesamt schwimmen bis zu 140 Millionen Tonnen Abfall in den Meeren.[75]

Es ist zwar mühsam die ganzen Abfälle die bereits in unserer Umwelt herumliegen wieder aufzusammeln, jedoch ist es die beste Möglichkeit die Meere wieder einigermaßen sauber zu kriegen. Wenn der Müll schon einmal in die Umwelt gelangt, dann wird es schon schwieriger, als wenn man den Müll direkt einsammelt beziehungsweise man seinen Müll einfach direkt mitnimmt und gar nicht erst liegen lässt.

-Dr. Bauske

Die Hilfsorganisation WWF konzentriert sich eben da drauf den Müll möglichst gleich einzusammeln, zu sortieren und weiter zu verwerten. Sie bereiten auch in verschiedenen Ländern solche Projekte, vor das heißt, dass dort dann der Müll getrennt eingesammelt wird und dann der ganze Kunststoff zum Recycling

---

74 Interview Dr. Bauske
75 http://www.wiwo.de/technologie/green/living/kampf-gegen-muell-im-meer-fuenf-innovative-ideen-fuer-saubere-ozeane/13548878.html
(entnommen am 28.11.2017)

weiterverkauft oder der Kompost weiter verkauft wird, sodass nicht mehr diese Müllhalden gebildet werden, wo der Müll einfach abgekippt wird. Das ist das Ziel dieser Projekte aber auch die Bevölkerung zu informieren, dass sie den Müll nicht achtlos wegwerfen sollten. In Hongkong zum Beispiel ist die WWF auch schon mit dabei den Müll aufzusammeln. Sie sind auch dabei zu gucken, wo der Müll eigentlich herkommt um, dann mit der Industrie zu sprechen, dass sie kein Kunststoff mehr einsetzen, geschweige denn produzieren sollten.

> Das und noch viel mehr planen wir, neben Deutschland, in anderen Ländern aber das ist auch schon eine sehr schwierige und langfristige Arbeit, denn die Verschmutzung der Meere nimmt immer mehr zu, wenn wir jetzt nicht handeln versinken unserer Meere wortwörtlich im Plastikmüll.

> - Dr. Bauske

Boyan Slat

> „..versinken unserer Meere wortwörtlich im Plastikmüll"

> -Dr. Bauske

Das will und wollte der damals 19-jährige Student aus den Niederlanden Boyan Slat nicht zulassen und möchte das Problem mit seiner Erfindung jetzt lösen. Boyan Slat ist ein leidenschaftlicher Taucher, der oft unter Wasser unterwegs war. Eines Tages berichtete Slat schockierend:

> „Ich konnte vor lauter Müll zum Teil die Fische gar nicht mehr sehen."

> -Boyan Slat

Das war der Grund dafür das Slat sich mit einer möglichen Lösung für das dramatische Problem beschäftigte. Für seine Idee hat Slat schon verschiedene Preise gewonnen, wie beispielsweise den Best Technical Design Award 2012 der TU Delft. Im Oktober vergangenen Jahres durfte er sein Konzept sogar bei einer TEDx-Veranstaltung präsentieren[76]. Er plant die Meere mit einem Riesen schwimmenden Filter von Plastikmüll zu befreien. Aufgebaut soll es an einer Meeresboden fixierter Plattform mit seitlich angebrachten Auslegern sein, die den Müll dann aus dem Wasser einfangen. Die Wasserströmungen die den Plastikmüll überall in den Meeren verteilt haben können mit dieser Erfindung den Plastikmüll wieder herausholen, indem sie automatisch in die Richtung der fixierten Plattform spülen. Ob das Ganze in der Praxis wirklich funktioniert, soll jetzt eine Machbarkeitsstudie zeigen.

Boyan Slat gründete Anfang des Jahres die Non-Profitorganisation „The Ocean Cleanup Foundation" die sich um die Entwicklung der Erfindung kümmert. Nach Boyan Slat, ist es sein Ziel nach Schätzungen zu folge 7.250.000 Tonnen Plastikmüll aus dem Meer zu fischen. Das Gewicht von etwa 1000 Eiffel-türmen treibt in den Meereswirbeln herum.[77] Experten schätzen, dass es bis zu ca. 79.000 Jahre[78] dauern wird das Problem lösen zu können, doch mithilfe von Boyan Slat's Erfindung soll das ganze nur 5 Jahre dauern bis wir unsere Meere bis zu 99.98 % [79] von dem weltweiten Plastikmüll befreien können.

Wie war die Entwicklung in den letzten Jahren?

Im Moment nimmt die Menge an Plastik drastisch zu. Wir haben jetzt

---

76 http://www.wiwo.de/technologie/green/living/umwelt-19-jaehriger-will-meere-vom-plastikmuell-befreien/13545724.html (entnommen am 15.10.2017)
77http://www.wiwo.de/technologie/green/living/umwelt-19-jaehriger-will-meere-vom-plastikmuell-befreien/13545724.html (entnommen am 18.10.2017)
78 How the oceans can clean themselves: Boyan Slat at TEDxDelft. Boyan Slat. US 2012. TC: 6.46 – 6: 54
79 How the oceans can clean themselves: Boyan Slat at TEDxDelft. Boyan Slat. US 2012. TC: 7:48 – 7: 54

weltweit 322 Millionen Tonnen die produziert werden.[80] Es werden immer mehr Verpackungen eingeführt, auch gerade in Südost Asien. Von diesen 78 Millionen Tonnen Verpackungen, gelangen etwa 32 % einfach so in die Umwelt also nicht mal auf einer Deponie, sondern einfach irgendwo und dann auch in die Meere also wir haben deutlich zunehmenden Konsum.[81]

> Es gelangt pro Minute ein ganzer Müllwagen voller Plastik in die Ozeane, was deutlich zu viel für unsere Umwelt ist.
>
> -Dr. Bauske

Forscher fanden heraus, dass der Plastikmüll in den Meeren sich in den vergangenen 50 Jahren verzwanzigfacht, und in den kommenden 20 Jahren sich noch einmal verdoppeln wird.[82]

80Interview Dr. Bauske
81Interview Dr. Bauske
82 Interview Dr. Bauske

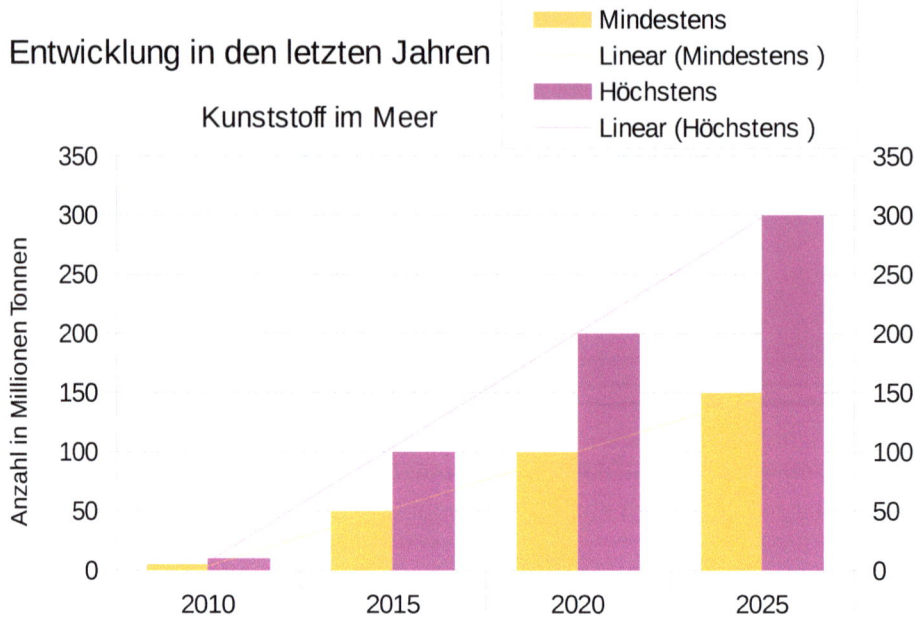

Entwicklung in den letzten Jahren

Kunststoff im Meer

Mindestens
Linear (Mindestens)
Höchstens
Linear (Höchstens)

Bis 2010 gelangten schätzungsweise 12 Millionen Tonnen an Plastik in unsere Meere. Und es wird nicht besser. Denn die Entwicklung der Verschmutzung in unseren Meeren nimmt drastisch zu, sodass Forscher glauben, dass es in den nächsten Jahren im schlimmsten Fall bis zu 250 Millionen Tonnen an Plastikmüll sein könnten, das sind 5 mal soviel wie der gesamte deutsche Hausmüll pro Jahr.[83]

Ursachen und Gefahren für Mensch, Tier und Planet

Wer glaubt, es würde nur die Tiere treffen, liegt da falsch, denn Plastik hat fatale Auswirkungen für uns Menschen. Mittlerweile kann man seinen eigenen Müll in den Tieren wieder auffinden. Die Tierwelt leidet quasi unter unseren Fehlern. Sie zeigen uns was wir

---

83 Informationen aus : https://www.tagesschau.de/ausland/plastik-meer-101.html
(entnommen am 22.11.2017)

falsch gemacht haben. Tiere sterben zum Teil mit vollen Mägen, ersticken oder verhängen sich im Plastik. Das allein ist unsere Schuld. Aber letztlich tun wir alles was wir den Tieren antun uns selbst an. Auch wenn einem Tiere egal sind, man ist sich doch nicht selbst egal. Der eigene Müll landet bei uns über marine Lebewesen wieder auf dem eigenen Teller und dringt somit auch in den menschlichen Körper ein. Wissenschaftler warnen, dass die Chemikalien in den Kunststoffen hochgefährliche Gesundheitsschäden verursachen. Von Allergien und Fettleibigkeit bis hin zu Unfruchtbarkeit, Krebs und Herzerkrankungen.

Gerade die Seevögel halten den Plastikmüll für Nahrung und nehmen die Plastikteile auf. Dadurch haben sie das Gefühl, dass sie satt sind, obwohl sie es nicht sind. Je größer der Vogel, desto größer sind die mengen an Plastik, die er im Magen hat. Man fand in einem totem Albatros zum Teil vollständige Objekte wie Zahnbürsten, Feuerzeuge oder auch Golfbälle. Diese Vögel fressen Plastikteile einer gewissen Größe. Weniger offensichtlich aber nicht weniger häufig sind die mikroskopisch kleinen Kunststoffe auch Mikroplastik genannt. Dieses Mikroplastik gelangt die in die Schrimps im Wasser oder in das noch kleinere Plankton. Das wird wiederum von Fischen gefressen. Die Fische essen wir. Wie man jetzt erkennen kann, fällt am Ende all das wieder auf uns zurück. Wir essen jetzt schon mit Plastikmüll verseuchte Fische. Der Mensch ist am Ende der Nahrungskette. Es ist also nur eine Frage der Zeit, bis sich der Mensch vergiftet oder zumindest gesundheitliche Beeinträchtigungen befürchten muss. Oder man wird in einigen Jahren, ähnlich wie nach Tschernobyl bei den Pilzen, vor dem reichlichen Genuss von Meeresfischen warnen müssen. Es wäre ein Armutszeugnis für die Menschheit, denn diese Katastrophe ist, wie so viele, nur durch den Menschen verursacht. Bis 2050 könnte das Gesamtgewicht des Plastiks, das der Fische im Ozean übertreffen. In den letzten 30 Jahren sind viele Fische verschwunden, es gibt hauptsächlich nur noch die Verschmutzung.

Gefischte Fische in den letzen Jahren

So wenig Fische wie noch nie

Anzahl in Millionen Tonnen

1950 1955 1960 1965 1970 1975 1980 1985 1990 1995 2000 2006   Jahr

Mikroplastik ist aber nicht nur in Fischen, sondern auch bereits im Wasser oder in Lebensmitteln wie Honig und Milch zu finden. Auch in der Kosmetik ist Mikroplastik aufzufinden (Zahnpasta, Seifen, Shampoos, Cremes, Peelings).

Wie sehr die Umweltverschmutzung die Tiere belastet, haben Wissenschaftler nun untersucht. Ihre Ergebnisse haben sie in der Fachzeitschrift *Proceedings of the National Academy of Sciences* (Wilcox et. al., 2015) veröffentlichen lassen.[84] Dort berichten Sie, dass die Aufnahme von Kunststoffen in Seevögeln zunehmen wird, dass sie bis 2050 zu 99 % aller Arten erreichen wird und dass eine effektive Abfallbewirtschaftung diese Gefahr verringern kann. Außerdem berichten sie auch das die Auswirkungen an der südlichen Grenze des Indischen, pazifischen und Atlantischen Ozeans am

---

[84]http://www.zeit.de/wissen/umwelt/2015-09/seevoegel-plastik-muell-meeresverschmutzung (entnommen am 5.11.2017)

größten sind, einer Region, die als relativ unberührt gilt. Obwohl sich noch immer Hinweise auf die Auswirkungen der Plastikverschmutzung auf den Bevölkerungsstand ergeben, deuten deren Ergebnisse darauf hin, dass diese Bedrohung weit verbreitet, durchdringend und schnell ansteigend ist. Irgendwann fällt all das was in der Natur passiert auf uns zurück.

Wie kann ich helfen?

Es liegen genug Gründe vor warum wir jetzt handeln müssen.

Man sollte sich jetzt einsetzen und seinen Willen zeigen, den Meeren, der Erde und auch uns Menschen zur Liebe. Denn wenn es so weitergeht, sehe ich keine Zukunft mehr. Wir Menschen sollten uns jetzt einsetzen, bevor schlimmeres passieren oder sogar noch viel mehr in die Umwelt gelangen könnte, als es schon ist.

Der Müll in den Meeren ist ein globales Problem und wir müssen jetzt handeln, um es zu lösen. Doch ein Problem hätten wir da noch, denn Menschen denken auch gerne mal, dass es ein alleiniges Problem der Regierung sei.

Doch wenn wir Menschen alle nicht zusammenhalten und versuchen unseren Fehler wieder gut zu machen, sehe ich persönlich es als unmöglich die Meere wieder Müll frei zu bekommen. Doch wenn wir jetzt handeln, wenn jeder von uns ein bisschen mit anpackt, gibt es Hoffnung die Meere wieder einigermaßen Müll frei zu bekommen.

Außerdem möchte die WWF, dass die erweiterte Produktverantwortung für Verpackungen auf die Unternehmen übertragen wird, die diese Plastikverpackungen in die Märkte bringen.[85] Dafür müssen wir die Politik, die Öffentlichkeit und vor allem die Unternehmen erreichen.

Wäre es nicht toll, durch die Stadt zu laufen und keinen Plastikmüll mehr auf dem Boden liegen zu sehen. Oder am Strand entlangzulaufen ohne Plastikmüll unter den Füßen zu spüren. Auf das Meer hinaus zu schauen ohne das man nur Müll, statt Fischen,

---

85 Interview Dr. Bauske

schwimmen sieht. Man sollte solche Dinge nicht ausblenden, sondern versuchen so schnell wie möglich zu handeln. Plastik gehört einfach nicht in die Umwelt. Jegliches Plastik muss wieder eingesammelt und behandelt werden, darum geht es.

Vorab möchte ich nochmal sagen, dass die Gründe für den übermäßigen Plastikmüll auf Land und Meer nicht nur auf das umweltbelastende Verhalten jedes einzelnen, sondern auch ganz besonders auf die gesetzlichen Bestimmungen und die Möglichkeiten der Entsorgung und ordnungsgemäßen Verwertung von Plastikmüll in den einzelnen Ländern zurück führen.

Trotz allem kann jeder helfen.

➢ Nimm statt Plastiktüten, Stoff-Beutel, inkaufskorb oder Rucksack zum Einkaufen mit.

➢ Auf Einwegverpackungen, zum Beispiel bei Milchprodukten oder Getränken, sollte verzichtet werden. Stattdessen Mehrweg- / Glasbehältern bevorzugen. Für das Mitnehmen von Trinken eine Mehrwegweg-Flasche nutzen.

➢ Wirf deinen Müll niemals achtlos weg, sondern nehme alles, was du eingepackt hast wieder mit.

➢ Trenne deinen Müll, denn nur so kannst du auch sicher gehen, dass er recycelt wird.

➢ Anstatt zu Frischhaltefolien solltest du lieber zu Pergamentpapier oder zu Mehrwegbehältern aus Blech, Glas und Keramik greifen.

➢ Durch Dosen aus Glas oder Edelstahl, die man zum Beispiel von zu Hause aus mitnehmen kann um beim Metzger Fleisch, Käse etc. zu kaufen, spart man nicht nur das ständige wickeln in Plastikfolien, was ein Vorteil für die Umwelt wäre, sondern es erspart den Mitarbeitern dort auch viel Zeit.

➢ Verwende statt Plastikgeschirr, Mehrweggeschirr.

➢ Abgepackte Nahrungsmittel kannst du vermeiden, wenn du

vor allem frische Sachen in Bioläden und auf Märkten einkaufst und sie in mitgebrachten Beuteln, Dosen und Gläsern transportierst.

> ➢ Getränke aus Mehrwegplastikflaschen oder auch Glasflaschen solltest du bevorzugen, denn die allermeisten Einwegplastikflaschen landen auf dem Müll und nicht im Recycling.

> ➢ Bring dein eigenes Wasser mit! In Deutschland ist <u>Wasser aus dem Hahn das am besten kontrollierte Lebensmittel</u>, mit viel strengeren Auflagen als für Flaschenwasser.[86] Und billiger ist es auch. Daher: Eine Flasche aus Glas, Alu oder langlebigem Plastik kannst du immer wieder auffüllen.

> ➢ Nimm statt einer Kunststoff Zahnbürste eine Zahnbürste aus Holz benutzen, wo man notfalls auch ein neues Brennmaterial hat

> ➢ Naturkosmetik enthält im Gegensatz zu „normalen" Kosmetikprodukten kein Plastik.

> ➢ Verzichten Sie auf Zahnpasta und Kosmetika mit Mikroplastik-Kügelchen.

Den Strand von Plastikmüll zu befreien kostet jährlich mehrere Millionen Euro. Der Naturschutzbund (NABU) organisiert regelmäßig Hilfsaktionen, bei denen jeder unterstützen kann.[87]

Unterstütze außerdem Hilfsorganisationen wie dem bekanntesten Meeressäuberungsprojekt „The Ocean Cleanup",[88] dem WWF etc. und beteilige dich an freiwilligen Säuberungsaktionen an Küsten, Stränden und Flussufern.

Unter https://www.careelite.de/plastikfrei-leben-ohne-plastik/ finden

---

86 http://www.spiegel.de/gesundheit/ernaehrung/stiftung-warentest-mineralwasser-ist-ueberbewertet-a-1105100.html (Entnommen am 09.12.2017)
87 https://www.nabu.de/natur-und-landschaft/meere/muellkippe-meer/16794.html (Entnommen am 16.11.2017)
88 https://www.theoceancleanup.com/ (Entnommen am 14.11.2017)

Sie 74 weitere einfache Tipps & Tricks, wie Sie in Ihrem Alltag ganz einfach auf viel Kunststoff verzichten können, ohne Ihr Leben vollständig auf den Kopf zu stellen.

Quellenangaben

Interview Dr. Bauske: Telefonisches Interview mit Dr. Bernhard Bauske am 17. November 2017, Experte des WWF für das Thema Kunststoff im Meer. Sein Blog ist unter https://blog.wwf.de/autoren/bernhard-bauske/ zu finden.

How the oceans can clean themselves: Boyan Slat at TEDxDelft. Boyan Slat. US 2012. Vortrag von Boyan Slat im Jahre 2012. Der Vortrag ist bei YouTube unter https://www.youtube.com/watch?v=ROW9F-c0kIQ&t=9s zu finden.

Leben ohne Plastik: Ein Film von Britta Tivan. DE 2012. Der Film ist unter https://www.youtube.com/watch?v=kWVWJLtYhsY&t=634s zu finden.

Plastik im Meer - Wie gefährlich ist Plastikmüll?: Tagesschau. DE 2017. Hier https://www.youtube.com/watch?v=7pP_mQ0zkhE&t=30s erklärt euch Demian von Osten kurz und knapp wie gefährlich Plastikmüll wirklich ist.

Unsere Erde, blauer Planet. Wie lange noch? Immer mehr Plastik- Müll in den Meeren: Richard Thompson. Bericht: Mike Schäfer. DE 2015/ US 2015. Den Bericht findet ihr unter https://www.youtube.com/watch?v=gHbOnsGc9TM

Müll im Meer - Gefahren und Lösungen: Hier https://www.youtube.com/watch?v=PD9fDy6f9MU findet ihr ein kurzes Interview mit Axel Kölling. In Deutschland im Jahre 2012 gedreht.

Verschmutzte Meere, die Plastikflut - Doku 2017 Deutsch (HD): Eine Doku über unsere „Verschmutzten Meere" findet ihr unter https://www.youtube.com/watch?v=Mhl6XA6qoJw

Ozon in der Atmosphäre und in Bodennähe

von Torge Frist

Einleitung

In diesem Kapitel möchte ich einiges über Ozon erklären. Zu erst möchte ich damit anfangen, was die Ozonschicht ist und warum eigentlich ein Ozonloch ein Umweltproblem darstellt, welches aber auf keinen Fall vernachlässigt behandelt werden sollte. Ich schreibe wie sich die Sicht auf Ozon im Laufe der Jahre verändert hat und fange ganz am Anfang an.

Außerdem wird erklärt, ob Ozon gut oder schlecht ist und ich veranschauliche noch einmal den Unterschied zwischen bodennahem Ozon und Ozon in der Ozonschicht. Im Anschluss beschreibe ich die Entstehung des Ozons anhand der chemischen Formel und gehe auch wieder auf den Unterschied zwischen den verschiedenen Höhen ein.

Zu allerletzt komme ich noch einmal zu den Schäden des Ozons, wie man etwas dagegen tun kann und gebe ein kurzes Fazit.

Die Ozonschicht

Die Atmosphäre ist allgemein die Luftschicht, die unsere Erde umgibt. Sie ist in 3 verschiedene Schichten eingeteilt.

Zum einen gibt es die Troposphäre (sie bezeichnet die Höhe von 9 bis 12 km), die Stratosphäre (mit einer Höhe von 12 bis 50 km) und die Mesosphäre (von 50-80 km). Außerdem gibt es noch die Thermosphäre (von 80 bis 700 km) und Exosphäre (alles darüber also von 700 bis 1000 km), welche für dieses Thema allerdings nicht relevant sind.

In der Stratosphäre befindet sich etwa 90 % des Ozons und wird deshalb auch Ozonschicht genannt. Obwohl das Ozon selber sich eigentlich in einer Höhe von 12-32 km befindet.[89] Aus diesem Grund werden in verschiedenen Quellen immer wieder verschiedene Höhen der Ozonschicht angegeben. Die Ozonschicht ist sehr wichtig für uns Menschen, weil sie die für uns schädliche UV-Strahlung absorbiert. Somit bildet sie einen natürlichen Schutz für uns Lebewesen auf der Erde. Die Ozonschicht ist nicht überall gleich dicht. Die Ozonschicht ist an dem Äquator dichter als an den Polen. Genauer gehe ich dazu im nächsten Kapitel ein, da dieses unmittelbar mit der Ozonlochbildung in Verbindung steht.

Das Ozonloch – historisch und gegenwärtig

Ein Ozonloch ist nicht wie es das Wort sagt ein wirkliches Loch (ein Ort an dem es kein Ozon in der Ozonschicht gibt), sondern dort ist nur ein besonders niedriger Ozonwert zu messen. Also ist das Ozonloch eine Stelle der Ozonschicht, an dem es bedeutend weniger Ozon gibt als im normalen Ozonschichtbereich. Das bekannteste Ozonloch ist das über der Antarktis. Aber jetzt fragt man sich doch sicherlich, wieso denn über der Antarktis ein Ozonloch ist, schließlich wohnen da ja nicht so viele Menschen, die über die Jahre die Ozonschicht zum Beispiel durch Abgase zerstört haben konnten. Dieses Ozonloch ist nicht nur von Menschen hervorgerufen worden, wie in dem Kapitel „Chemie" noch genauer erklärt wird. Ozon kann nur mit der Einstrahlung von UV-Licht entstehen und zerfällt auch wieder, wenn die Strahlung (z.B. nachts oder im Winter) nachlässt.

Allerdings ist der Zeitraum über die Nacht viel zu kurz, um die Ozonschicht vollständig abzubauen. Wenn man sich jetzt einmal die Erde rotierend um die sonne kreisend vorstellt, fällt auf, dass am Äquator die UV Strahlung der Sonne am beständigsten auftreffen. Dagegen trifft an der Arktis und Antarktis die Sonne am unbeständigsten auf, da die UV Stallung dort nur in einem schrägen Winkel einfällt. Deshalb kommt erst gar nicht genug UV Strahlung an, welches die Ozonschicht wieder aufbauen könnte.

---

89 http://www.oekorecherche.de/de/einleitung-die-ozonschicht

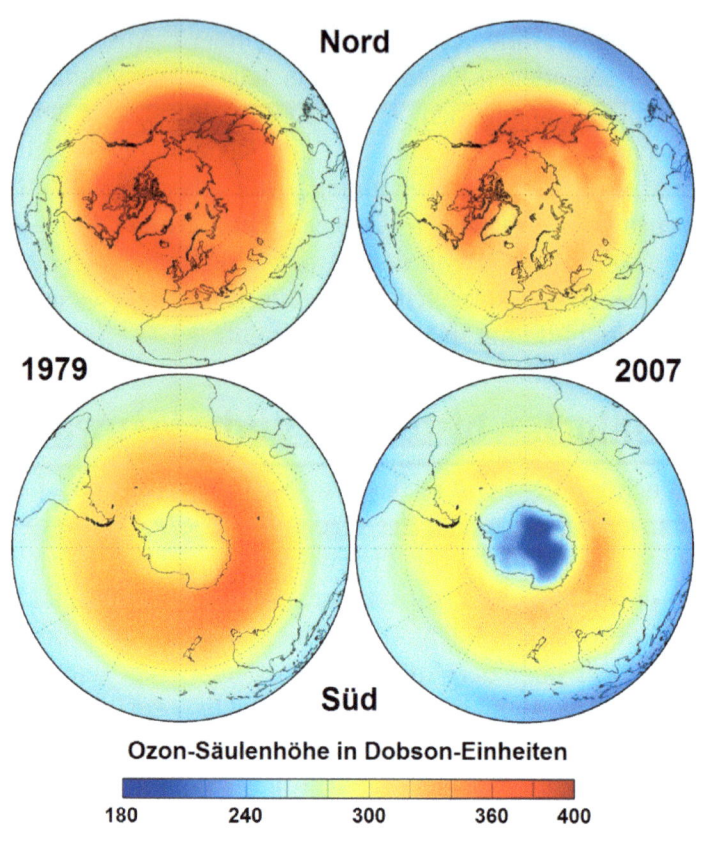

Nord

1979

2007

Süd

Ozon-Säulenhöhe in Dobson-Einheiten

180 240 300 360 400

Bild der Nord- und Südhalbkugel der Jahre 1979 und 2007: Aus diesen 4 Bildern ist gut zu erkennen, wie die Ozonschicht sich abgebaut hat.

Aber das ist nicht das einzige Problem, schließlich scheint an der Arktis im Winter und in der Antarktis im Sommer kaum die Sonne. Zu vergleichen ist dies auch schon mit unserem Winter. Wenn die

---

90 Von San Jose - Karte basiert auf den Generic Mapping Tools, CC BY-SA 3.0, https://commons.wikimedia.org/w/index.php?curid=3906714

Sonne um 10 Uhr erst richtig aufgeht und schon um 16 Uhr wieder untergeht ist es am Tag nur wenige Stunden hell, in denen sich die Ozonschicht wieder regenerieren kann. Weiter in Richtung der Pole hat die Ozonschicht weniger Zeit um sich zu regenerieren und baut sich im Winter so ganz von allein ab. Das bedeutet das ein Ozonloch an der Antarktis ganz normal ist, es ist nur im Sommer Stärker und im Winter schwächer.

Das müsste doch eigentlich bedeuten das es an der Arktis auch auch Ozonloch gibt, allerdings ist dies nicht immer so. Denn zum einen ist es in der Arktis um einiges Wärmer als in der Antarktis und das hat an der Antarktis eine geringere Ozonbildung zufolge.

Aber wieso ist dies so? Und was hat das mit der Temperatur zu tun? In der Antarktis ist es nämlich um einiges kälter als in der Arktis. Die Antarktis ist vor allem durch starke winde, dem umliegendem Wasser kälter. Außerdem hat sie keinen echten Boden unter dem Eis. Deshalb ist es in der Antarktis oftmals bis zu -50 Grad Celsius Kalt und und in einer Höhe von 15 km sogar bis zu -90 Grad Celsius. An der Arktis ist es nur sehr selten so kalt. Ab einer grenze von -78 Grad Celsius kommt es dazu, dass sich in der Stratosphäre Wolken bilden (normalerweise bilden sich in der Stratosphäre keine Wolken). Wasserdampf H_2O verbindet sich mit Salpetersäure HNO_3 zu Polaren Stratosphärenwolken (PSC), welche die Ozonbildung wiederum erschweren. [91]

Die Ozon Problematik

Wie schon erwähnt, gibt es Ozon in der Ozonschicht (innerhalb der Stratosphäre) und in Bodennähe. In beiden Höhen gibt es für den Menschen, Tiere und Pflanzen Problematiken. Die Ozonschicht wird durch menschlich verursachte Schadstoffe immer mehr und besonders schnell abgebaut. in Bodennähe ist es für Menschen und Tiere schädlich. Durch Fahrzeugabgase, Nutzungen von Kraftwerken, lösungsmittelhaltige Farben kann die Zersetzung zu Ozon besonders gut entstehen. Bei hohen Temperaturen, geringen Windgeschwindigkeiten, viel Sonneneinstrahlung, steigt der

---

91 https://de.wikipedia.org/wiki/Ozonloch

Ozonwert schnell an: In Bodennähe entsteht eine Zersetzung von Luftschadstoffen wie Stickstoffdioxid (NO2), Ozon entwickelt sich daraus. Das bedeutet, dass Ozon nicht direkt ausgestoßen wird.

Schließlich können bei einem zu hohem Ozonwert Beschwerden in den Atemwegen auftreten wie auch ein vermehrter Hustenreiz, greift aber auch andere Schleimhäute wie die Augen an. Schon eine geringe Konzentration Ozon kann Schwindel und Kopf- und Brustschmerzen auslösen. Bei einer hohen Konzentration kann das Ozongas sogar leicht nach Chlor, Nelken oder Heu riechen. Bei einem 180 Mikrogramm (millionstel Gramm) Ozon pro Kubikmeter in der Luft, muss die Bevölkerung informiert werden, es wird empfohlen das Auto stehen zu lassen und sich nicht draußen aufzuhalten.[92]

Aber um die Probleme vom Abbau der Ozonschicht vollständig zu verstehen, möchte ich euch erst einmal den Treibhauseffekt erklären. Besonders, weil dieser steigende Treibhauseffekt ein großes Problem unserer Umwelt darstellt. Es ist so: Weit oben in der Luft gibt es Treibhausgase, ohne die die Erde eine durchschnittliche Temperatur von etwa -18 Grad hätte. Aber wie bekommen die Treibhausgase es hin, unsere Erde auf durchschnittlich ca. 15 Grad zu erwärmen?

Die bekanntesten und wichtigsten Treibhausgase sind Wasserdampf, Kohlenstoffdioxid, Lachgas, Methan, Fluor-Chlor-Kohlenwasserstoffe und Ozon.

Wie alle Treibhausgase sorgen sie dafür, dass die Strahlung der Sonne, die die Erde erwärmt, trotz der teilweisen Reflektion auf der Erdoberfläche nur zum kleinen Teil wieder ins All abgestrahlt werden kann. Zum größten Teil wird die Strahlung durch die Schicht der Treibhausgase wieder reflektiert und die Erde wieder erwärmt.

Wie man sieht, ist eine zu große Konzentration der Treibhausgase in der Atmosphäre ebenso schlecht, da dann zu viel Strahlung ins All zurück reflektiert wird. Eine zu geringe Konzentration ist jedoch ebenfalls schlecht, da es dadurch viel zu kalt auf der Erde wäre.

---

92 http://www.guter-rat.de/gesund-bleiben/gesundheit/ratgeber-gesundheit-warum-ist-ozon-fuer-den-koerper-gefaehrlich

Allerdings sind wir alle dafür verantwortlich, dass diese Konzentration der Treibhausgase über die letzten Jahre drastisch zugenommen hat. Schließlich haben unsere Ausstöße (wie gut an Kohlenstoffdioxid zu erkennen ist,) in den letzten Jahren auch extrem zugenommen. Bezogen auf den Treibhauseffekt ist Kohlenstoffdioxid lange nicht so bedeutend wie Ozon als Treibhausgas. Dies ist so, weil verhältnismäßig viel mehr Kohlenstoffdioxid in die Atmosphäre gelangt als Ozon. Bei gleicher Menge wäre Ozon etwa 2000 mal schlimmer als Kohlenstoffdioxid.[93] So ist zu sehen, dass, obwohl wir Ozon in der Ozonschicht brauchen, es nicht nur positive Auswirkungen in der Statosphäre hat.

Entwicklung von früher zu heute

Fangen wir mal ganz am Anfang an. Vor etwa 700 Mio. Jahren gab es noch keine Ozonschicht, sie konnte sich nicht bilden da sich zu dieser Zeit einfach zu wenig Sauerstoff in der Stratosphäre befand. Der Sauerstoff Gehalt der Atmosphäre betrug nur etwa 3 %. Zu wenig für eine Ozonschicht. Im Vergleich zu heute, wo der Sauerstoffgehalt der Atmosphäre 20,9 % beträgt, sind 3% sehr gering. Die ersten Lebewesen konnten somit nur tief unter der Wasseroberfläche leben, um sich vor der für sie gefährlichen UV-Strahlung zu schützen. Erst vor etwa 600 Mio. Jahren stieg der Sauerstoff Gehalt stark an. Der Grund dafür waren kleinste Lebewesen (Prokaryonten), auf welche auch heute noch ein großer teil des Sauerstoffes in der Atmosphäre zurückzuführen ist. In den nächsten 100 Mio. Jahren erschufen Prokaryonten und erste Pflanzen weiterhin Sauerstoff, sodass sich erstmals eine nennenswerte Ozonschicht bilden konnte.[94] Nun konnten sich endlich auch die ersten Lebewesen an Land wagen ohne dass die UV-Strahlung ihrer Haut schädigen konnte und somit z.B. ihr Erbgut zerstört hätte. Erst durch die Ozonschicht war das Leben an Land möglich und ohne sie würde es uns Menschen jetzt auch nicht geben.

---

93 https://www.youtube.com/watch?v=q1wP42f5GAc
94 Buch: von Lesch und Gaßner; 2017; Seite 270-272

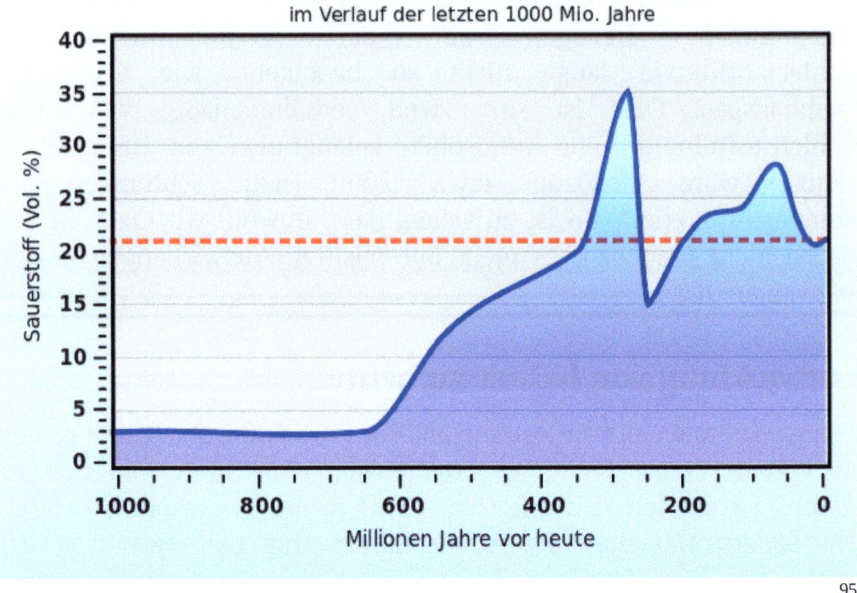

Sauerstoffanteil der Erdatmosphäre

im Verlauf der letzten 1000 Mio. Jahre

95

Dieses Bild veranschaulicht Sauerstoffanteil der Erdatmosphäre: Vor 650 Mio. - 400 Mio. Jahren stieg der Sauerstoffgehalt auf Grund kleiner Pflanzen abrupt und stark an. Doch nach starken Vulkanausbrüchen am Perm-Trias-Übergang sank der Sauerstoffanteil vor 250 Mio. Jahren auf 15 %.

Es war nicht immer bekannt, dass eine zurückgehende Ozonschicht unser Klima so verändern kann wie sie es momentan tut. Die erste beweisgebende Facharbeit zum Ozonloch über der Antarktis wurde nämlich erst im Frühling 1985 veröffentlicht, nachdem die britischen Wissenschaftler Joe Farman, Brian Gardiner und Jonathan Shanklin Monate lang an der Antarktis geforscht hatten. So kann man sagen, dass das Ozonloch in diesem Frühling entdeckt wurde, da die

---

95 https://de.wikipedia.org/wiki/Datei:Sauerstoffgehalt-1000mj.svg

Existenz vorher noch umstritten wahr.[96]

Die Wissenschaftler Joe Farman, Brian Gardiner und Jonathan Shanklin forschten in den 80er Jahren monatelang an der Antarktis auf ihrer errichteten Forschungsstation „British Antarctic Survey".

Unter eisigen Verhältnissen von -10 bis – 50 Grad erhielten die Forscher aufschlussreiche und wichtige Ergebnisse. Im Frühling 1985 veröffentlichten sie ihre Forschungsarbeiten. Darin wurde schon erkennbar, welche Auswirkungen eine Verringerung der Ozonschicht haben kann. Allerdings wurden die Messdaten zu beginn falsch ausgewertet. Karl-Heinz Ludwig schrieb in seinem Buch „Eine kurze Geschichte des Klimas" auf Seite 149: „Obwohl der Wettersatellit fast täglich Messdaten über den Zustand der Ozonschicht lieferte, entnahm man diesen zunächst keinerlei Hinweise auf ein Ozonloch über der Antarktis, da bei der automatischen Auswertung der Daten extrem niedrige Werte als *Messfehler* ausgesondert worden waren. Erst nach den Beobachtungen von Forschungsstationen in der Antarktis 1884 die Existenz eines Ozonlochs belegt und die Wissenschaftler der NASA ihre Daten überprüft hatten, erkannte man das ganze Ausmaß des Problems."[97]

Schon 1974 hatten die Forscher Mario J. Molina und Frank Sherwood Rowland von der zerstörenden Kraft des FCKWs gewarnt.

In den folgenden Jahren waren in den Nachrichten und Zeitungen viele angstmachende Artikel zu lesen und es wurde weiter an der Lösung des Problems geforscht, wie man den Abbau besser aufhalten könne.

---

96 http://www.spiegel.de/einestages/ozonloch-ueber-der-antarktis-vor-30-jahren-entdeckt-a-1033168.html
97 Buch: von Karl-Heinz_Ludwig; 2006; Seite 149

Bodennahes Ozon – Problemstoff in deutschen Städten

Jetzt möchte ich noch einmal erklären was Bodennahes Ozon ist und vereinfacht den Unterschied zwischen bodennahem Ozon und Ozon in der Stratosphäre deutlich machen. Dazu erst einmal zu Ozon in der Stratosphäre und anschließend das in Bodennähe:

Dort, in einer Höhe von 12-32 km, befindet sich 90 % des Ozons. Es befindet sich im stetigen Ab- und Aufbau, dabei wird die Energie der UV-Strahlung genutzt (sie wird dabei absorbiert). In der Luft ist ganz viel Sauerstoff (O_2), welcher für die Bildung des Ozons nötig ist. Für uns Lebewesen auf der Erde ist diese Absorption sehr wichtig, denn die UV-Strahlung erhöht sonst ein Risiko auf Hautkrebs (und Sonnenbrand). Das bedeutet, dass das Ozon in der Ozonschicht „Gut" ist, obwohl Ozon auch eines der Treibhausgase ist, welche wir im Überfluss haben und deshalb als „Schlecht" gelten. Trotzdem ist Ozon das einzige gute Treibhausgas.

Bodennahes Ozon wird zusammen mit anderen Reizgasen auch Sommersmog genannt. Ozon ist dabei die wichtigste Komponente.[98] Im Jahr 1985 wurde in dem Sommersmoggesetz der Grenzwert für Ozon festgelegt. Somit muss die Bevölkerung ab einem Wert von 180 µg/m³ (als Mittelwert innerhalb einer Stunde) gewarnt werden.

- Ab 180 µg/m³ muss die Bevölkerung gewarnt werden.

- Ab 240 µg/m³ müssen Maßnahmen wie z.B. Fahrverbote erfolgen

- Ab 360 µg/m³ besteht eine ernsthafte Gesundheitsgefährdung

In Bodennähe ist dies ganz anders, denn Ozon ist ein Reizgas, welches unter anderem die Schleimhäute angreift. Es entsteht vor allem an heißen Sommertagen (manchmal gibt es Warnungen im Radio oder Nachrichten), in einer Höhe von 0-100 m. Die

---

98 https://www.lernhelfer.de/schuelerlexikon/chemie/artikel/smog

energiereiche Strahlung kann aus den Abgasmolekülen, ein Sauerstoffmolekül (CO_2- O (Reaktionspfeil) CO + O raus spalten, welches sich nun mit O_2 zu O_3 (Ozon) verbinden kann. Vereinfacht bedeutet das: energiereiche Strahlung (vorhanden an heißen Sommertagen) + z.B. CO_2 wird zu O_3 (Ozon). Autoabgase sind in Städten genug vorhanden. Ozon ist ein Gas, und kann deshalb durch z.B. Wind sehr leicht verteilt werden. Somit hilft es nicht, dass man sich im Schatten aufhält, um sich vor Ozon zu schützen (wie früher angenommen).

Ozon in der Stratosphäre	Ozon in Bodennähe
- Absorbiert die gefährliche UV-Strahlung der Sonne in der Statussphäre	- Ist schädlich für Menschen, Tieren und Pflanzen
- Höhe: 12-32 km	- Höhe: 0-100 m
- Entstehung: O_2 + UV-Strahlung → $2O$ O_2 + O → O_3 (*2)	- Entstehung: Stickoxide z.B CO_2 + UV-Strahlung → CO + O O + O_2 → O_3
- Zerfall: O_3 → O_2 + O	- Zerfall: O_3 → O_2 + O

Entstehung in verschiedenen Höhen

Ozon entsteht in verschiedenen Luftschichten, aber vor allem in einer Höhe von 12-32 km und 0-100 m. Die 2 verschiedenen Entstehungsmethoden möchte ich in den nächsten Abschnitten genauer erklären.[99]

Zuerst zum Ozon in den höheren Luftschichten. Dort entsteht das

---

99 http://www.oekorecherche.de/de/einleitung-die-ozonschicht

Ozon, indem das Sauerstoffmolekül durch UV Strahlung zerteilt wird und sich in Ozon zusammensetzt (wie auch im Abschnitt Chemie noch einmal genauer erklärt wird). Gleichzeitig wird das Ozon über den gleichen Weg wieder abgebaut, aber es werden vielmehr Sauerstoffe durch UV Strahlung gespalten, dass es sich viel schneller wieder aufbaut als abbaut. Dafür wird nachts das Ozon durch die fehlende UV Strahlung abgebaut, ohne eine gleichzeitig bestehende Generierung. So herrscht ein sich gegenüber stehender, gleich starker Abbau wie Aufbau der Ozonschicht und die Ozonschicht bleibt bestehen.

Das Auftreten von bodennahem Ozon wird vor allem durch eine hohen Abgaskonzentration verursacht, weil die Stickoxide leicht ein Sauerstoff abgeben, was den Molekülen in der Luft ermöglicht, es aufzunehmen und damit Ozon zu bilden. Mit Stickoxiden sind verschiedene Moleküle gemeint, die aber alle Stickstoff und Sauerstoff als Grundbausteine als ihre Bestandteile nutzen. Wie z.B. CO_2 (Kohlenstoffdioxid) oder C_2O (Kohlenstoffmonoxid).

Wie eben beschrieben, wird bodennahes Ozon nur durch den Einfluss von uns Menschen geschaffen und würde sonst nicht existieren.

Chemie

Ozon entsteht zu etwa 90 % in höheren Luftschichten, also vor allem in einer Höhe von 16-32 km.[100] Die Ozonkonzentrationen (in Bodennähe) in der Luft wird in Mikrogramm (µg) pro Kubikmeter (m^3) gemessen. Riechen kann man Ozon ab einer Konzentration von 40 - 50 µg/m^3. Ab einer Konzentration von 110 µg/m^3 kann es schon für empfindliche Menschen schädlich sein, obwohl es erst ab einer Konzentration von 180 µg/m^3 zu einer Warnung der Bevölkerung kommt.[101]

Der Ozongehalt der Ozonschicht wird in DU (Dobson-Einheiten)

---

100 Autor: Verschiedene; 2008
101 http://www.interkantonaleslabor.ch/neu_06nov02/Umweltschutz/luft/Merkbl
%C3%A4tter/Merk%20Ozon%20070801.pdf

gemessen.

Nun zu dem Ozon-Sauerstoff-Zyklus in der Ozonschicht:

1.) Dieses geschieht vor allem durch eine hohe UV-Licht Einstrahlung, welche bewirkt, dass sich das Sauerstoffmolekül in 2 einzelne Sauerstoffatome aufteilt.

$$O_2 + UV\text{-Strahlung} \rightarrow 2O$$

2.) Im zweiten Schritt bildet sich aus dem Sauerstoff und einem einzelnen Sauerstoffteilchen Ozon.

$$O_2 + O \rightarrow O_3$$

3.) Aber genau so, wie sich das Ozon bildet, wird es auch wieder abgebaut. Das heißt die umgekehrte Formel wäre:

$$O_3 + UV\text{-Strahlung} \rightarrow O_2 + O$$

Folgen / Schäden

Natürlich haben Ozonlöcher auch schlimme Folgeschäden, aber erst einmal würde ich gerne auf die Problematik in deutschen Städten durch bodennahes Ozon eingehen, weil es für uns am relevantesten ist. Es ist für uns in den in den Städten deshalb am relevantesten, weil vor allem Autoabgase verantwortlich für die Bildung Ozons sind. Es ist nämlich so, dass auch hier in Deutschland das Thema bodennahes Ozon schon seit längerem präsent ist. Denn Ozon ist ein Reizgas, welches die Schleimhäute also z.B. die der Augen und Atemwege reizt, außerdem verursacht es ein erhöhtes Risiko auf Asthma besonders gefährdet sind Kleinkinder, Schwangere und alte Menschen.

Pflanzen sind ebenso stark vom Bodennahem Ozon betroffen, denn ihre Spaltöffnungen (Stomata) nehmen das Ozon auf und dies bewirkt eine reduzierte Photosyntheseleistung, eine beschleunigte Blattalterung und ein erhöhtes Risiko von Krankheitserregern befallen zu werden.[102]

Ozon greift sogar Metalle, Gummi und Fette an, weshalb bei der Produktion meistens Wachse zum Schutz gegen Ozon verarbeitet werden.[103]

Ozon kann in der Stratosphäre nur entstehen, wenn ein Sauerstoffmolekül in zwei Sauerstoffatome gespalten worden ist und sich mit bestehenden Sauerstoffmolekülen Ozon gebildet hat. Die Sauerstoffatome verbinden sich von ganz alleine mit den Sauerstoffmolekülen. Wenn auf Ozon UV-Strahlung aufkommt, zerfällt es wieder in ein Sauerstoffmolekül und ein Sauerstoffteilchen. Dabei wird die UV-Strahlung absorbiert und indirekt in wärme umgewandelt. Das ist für uns Menschen sehr gut, weil die UV-Strahlung uns schadet. Deshalb verwenden wir z.B. auch Sonnencreme oder Sonnenbrillen, um uns vor der UV-Strahlung zu schützen, sonst bekommen wir z.B. Sonnenbrand oder auf lange Sicht ein erhöhtes Risiko auf Hautkrebs.

Möglichkeiten, die Situation zu verbessern

Wo kann jeder von uns helfen?

Abgase

Es kann jeder dazu beitragen, die Ozonlöcher so gering wie möglich zu halten. Einen großen Teil der Schädigungen machen die Autoabgase aus. So hilft es natürlich, wenn man auf ein Auto verzichtet und dafür mit dem Fahrrad oder den öffentlichen Verkehrsmitteln fährt.

Wenn man nicht komplett auf ein Auto verzichten kann, dann ist es schon hilfreich, wenn man sich mit anderen Menschen zusammen schließt, ein Auto teilt, sodass ein bewusster Umgang mit der Umwelt stattfindet.

---

102 http://wiki.bildungsserver.de/klimawandel/index.php/Wirkung_von_Kohlendi oxid_und_Ozon_auf_Pflanzen_(einfach)#cite_note-Schaller_2007-3b
103 http://www.chemie.de/lexikon/Gummi.html

Die Argumentation, dass auch eine Geschwindigkeitsbegrenzung vorübergehend hilfreich wäre, um den CO_2 Ausstoß zu mindern, haben Untersuchungen aus den 1990 er Jahren widerlegt.[104] Hier helfen am effektivsten lang angelegte Maßnahmen, wie z.B. mit dem Fahrrad zur Arbeit fahren und nur nur im Winter mit dem Auto fahren, und nicht zeitlich begrenzte Einschränkungen.[105]

Lösungsmittel

Auch den Einsatz von lösungsmittelhaltigen Farben und Lacken sollte man so gut wie möglich vermeiden, wenn man sie auf Holz oder andere brennbare Materialien aufträgt. Denn sie werden oftmals in Verbrennungsanlagen verbrannt. Während diese lösungsmittelhaltigen Farben und Lacke freigesetzt werden, werden gleichzeitig Stickoxide freigesetzt, welche die Ozonwerte in Bodennähe verschlimmern. Das heißt, die Ozonwerte steigen.[106]

Politische Lösungsansätze

Schon seit 1980 gibt es Aufzeichnungen über den Abbau der Ozonschicht über der Antarktis, obwohl es erst 1985 zu der Entdeckung des Ozonloches kam. Daraufhin verpflichteten sich 1987 46 Länder, die Benutzung von Fluor-Chlor-Kohlenwasserstoffen (besser bekannt als FCKW) zu reduzieren. FCKWs wurden vor allem als Kältemittel im Kühlschrank, in Sprühdosen und als Reinigungs- und Lösungsmittel verwendet. So konnte schon früh eine zu stark zurückgehende Ozonschicht gestoppt werden. Bis heute haben sich 197 Länder (auch Deutschland) dazu bereit erklärt kein FCKW mehr zu nutzen, was zu Folge hat, dass die Ozonschicht sich wieder regeneriert.[107]

---

104 https://www.heise.de/autos/artikel/Vor-20-Jahren-Erstes-Ozon-Tempolimit-wegen-Sommer-Smog-2268220.html

105 http://www.guter-rat.de/gesund-bleiben/gesundheit/ratgeber-gesundheit-warum-ist-ozon-fuer-den-koerper-gefaehrlich

106 https://www.lfu.bayern.de/luft/doc/ozoninfo.pdf

107 http://www.spiegel.de/einestages/ozonloch-ueber-der-antarktis-vor-30-jahren-entdeckt-a-1033168.html

Fazit

Nachdem herausgefunden wurde in welchen Schichten Ozon für uns wichtig ist und in welchen Schichten es eine Gefahr darstellt, konnten auch Lösungen gefunden werden, um die Umwelt mehr zu schützen. Wichtig ist, dass die Menschen auch genügend Informationen darüber bekommen, um mitzuhelfen.

Besonders interessant ist, dass Ozon, je nach der Lage der Höhe unterschiedlich gefährlich oder nützlich ist. Wir können also nicht ohne eine Ozonschicht leben und wir müssen darauf achtgeben, dass der Ausstoß von Abgasen eingeschränkt wird, damit die uns schützende Schicht erhalten bleibt.

Das Thema Ozon geht uns also alle an und wir dürfen nicht wegsehen.

Quellen

- http://www.oekorecherche.de/de/einleitung-die-ozonschicht

Autor: Verschiedene; 2008

Autor: Verschiedene; GEO Themenlexikon Wetter und Klima 31 Begriffe, Forschung, Prognosen A-Z; 1. Auflage; Mannheim: Verlag Brockhaus, 2008; Seite 185 bis 188

http://www.iass-potsdam.de/sites/default/files/files/policy_brief_3_2015_ozon_dt.pdf

http://bildungsserver.hamburg.de/contentblob/3113310/6a0b7bb4a16 2d4929fbbd6ea1abca827/data/2006-ozonschicht.pdf

https://de.wikipedia.org/wiki/Ozon

http://www.chemie.de/lexikon/Fluorchlorkohlenwasserstoffe.htm
https://www.uni-oldenburg.de/physik/forschung/ehemalige/uwa/ozon/bodennahes-ozon/

http://wiki.bildungsserver.de/klimawandel/index.php/Wirkung_von_Kohlendioxid_und_Ozon_auf_Pflanzen_(einfach)#cite_note-Schaller_2007-3

Hartmut Graßl; 2007

Hartmut Graßl; „Was stimmt? Klimawandel Die wichtigsten Antworten"; 1. Auflage; Freiburg im Breisgau: Verlag Herder; Seite: 37 bis 42

http://www.pflanzenkrankheiten.ch/de/krankheiten-an-kulturpflanzen/krankheiten-an-futterleguminosen/weissklee/152-ozon-schaeden-tr

http://www.chemie.de/lexikon/Gummi.html

Karl-Heinz-Ludwig 2006
Karl-Heinz_Ludwig; „Eine kurze Geschichte des Klimas, Von der Entstehung der Erde bis heute"; Originalauslage; München: Verlag C.H.Beck 2006; Seite 149

Lesch und Gaßner 2017
Harald Lesch und Josef M. Gaßner; „Urknall Weltall und das Leben vom nichts bis heute morgen"; 4. Auflage; München/ Grünwald: Verlag Klomplett-Media 2017; Seite 270-272

Von San Jose - Karte basiert auf den Generic Mapping Tools, CC BY-SA 3.0, https://commons.wikimedia.org/w/index.php?

curid=3906714

https://www.youtube.com/watch?v=q1wP42f5GAc

https://de.wikipedia.org/wiki/Datei:Sauerstoffgehalt-1000mj.svg

http://www.spiegel.de/einestages/ozonloch-ueber-der-antarktis-vor-30-jahren-entdeckt-a-1033168.html

https://www.lernhelfer.de/schuelerlexikon/chemie/artikel/smog

http://www.interkantonaleslabor.ch/neu_06nov02/Umweltschutz/luft/Merkbl%C3%A4tter/Merk%20Ozon%20070801.pdf

https://www.lfu.bayern.de/luft/doc/ozoninfo.pdf

https://de.wikipedia.org/wiki/Ozonloch